Allegría

Der Autor

Renato Mihalic ist seit 2005 in seiner eigenen Heilpraxis *Lebendiges Sein* tätig, derzeit in Rodgau (bei Frankfurt/Main). Zusammen mit Christina Scherer gibt er Seminare und Workshops (Heilung im Herzen – Eine Reise zu Dir selbst; Gott ist Dir; Du und Dein inneres Kind; Familienaufstellung in Kombination mit Homöopathie) und veröffentlichte im »Heilspiegel« (Schule der Geistheilung nach Horst Krohne) und »Einblick«.
Weitere Informationen unter:
www.renato-mihalic.de und www.lebendiges-sein.de

# Renato Mihalic

# Das Geheimnis der Mujas

## Meditationen für ein neues Bewusstsein

Ullstein

Besuchen Sie uns im Internet:
www.ullstein-taschenbuch.de


Allegria im Ullstein Taschenbuch
Herausgegeben von Michael Görden

Ullstein Taschenbuch ist ein Verlag der Ullstein Buchverlage GmbH
Originalausgabe im Ullstein Taschenbuch
1. Auflage Mai 2012
© 2012 by Ullstein Buchverlage GmbH, Berlin
Umschlaggestaltung: FranklDesign, München
Titelabbildung: Danel/Fotolia
Satz: Keller & Keller GbR
Gesetzt aus der Minion
Papier: Pamo Super von
Arctic Paper Mochenwangen GmbH
Druck und Bindearbeiten:
GGP Media GmbH, Pößneck
Printed in Germany
ISBN 978-3-548-74549-7

*J*eder Mensch hat alles von Geburt an.

Wenn Alles da ist, dann ist auch alles möglich.

Virginia Satir

*Dieses Buch widme ich Petra Fischer,
die mir den Anstoß für meinen spirituellen Weg
gegeben hatte. Außerdem meiner Seelengefährtin
Christina Scherer. Danke für Deine Liebe,
Dein Vertrauen, Deine Unterstützung und die
Bereitschaft, bekannte und neue Wege
mit mir zu gehen. Ich liebe Dich.*

# Inhalt

# Vorwort

Liebe Leserin, lieber Leser,

ich freue mich, Dir heute diese Mujas übermitteln zu dürfen. Anscheinend hat Dich Deine innere Führung, auf welchen Wegen auch immer, zu diesem weiteren Teil Deines einzigartigen Lebens-Mandalas geführt.

Die Mujas sind sehr feinstofflich wirkende Werkzeuge, die Dir ad hoc in vereinzelten Situationen zu mehr Klarheit und Freiheit verhelfen können. Was du hier lesen wirst, ist eine Mischung aus eigenem Erleben, praktischer Umsetzung, fachlichen Informationen und meinen Erfahrungen mit der Geistigen Welt.

Schon als Kind wollte ich einen Weg zu Gott finden und befand mich in einem intensiven Austausch mit ihm. Einiges von dem, was mir zuteil wurde, habe ich in dieses Buch einfließen lassen. Gott ist reines Bewusstsein und bedingungslose Liebe. Diese Liebe/Gott ist weder männlich noch weiblich, sondern beinhaltet einfach alles, was es gibt, und wir alle sind ein wesentlicher Bestandteil dieser Liebe. Ich lade Dich ein, offen und neugierig zu bleiben und die Ausführungen zu eimzelnen Themen, auch wenn sie vielleicht nicht Deiner Ansicht entsprechen, einfach als Inspiration zu sehen und selbst zu forschen.

Nur indem wir unserer inneren gefühlten Wahrheit, unserer Herzenswahrheit, folgen, können wir wirklich glücklich werden und ein Leben in Liebe, Freude, Harmonie, Fülle und Wohlstand führen.

# Wie alles begann

Im Sommer 2006, es war ein schöner sonniger Tag, und ich betrachtete mit Christina die sanfte Landschaft am Kloster Engelthal. Wir saßen auf einer Bank, als sich innerlich ein Tor öffnete und meine Hände sich zu formen begannen. Gleichzeitig spürte ich eine tiefe Hingabe und einen starken Impuls, der in einem Gedanken mündete: Es müsste etwas geben, mit dem sich Bewusstseinsprozesse schneller durchlaufen lassen. Eine Art Katalysator.

An diesem Tag und den darauffolgenden erhielt ich die Einweisungen und Einweihungen der Mujas. Ich kann Dir gar nicht in der Gänze erzählen, was und wie alles geschah. Es machte einfach Plop – und ich befand mich in einer anderen Zeit, an einem anderen Ort, während ich gleichzeitig im vollen Bewusstsein dieser Realität war. Meine Begegnungen mit der Geistigen Welt und den Schutzengeln von anderen Menschen hatten sich bis dahin immer viel langsamer angebahnt. Doch diesmal war es völlig anders, und das war nur der Anfang, wie ich heute weiß.

Bliebe die Frage, warum erst dann, warum erst jetzt? Warum hatte ich mir die Techniken nicht schon früher aufgeschrieben? Dazu kann ich nur sagen, dass erst *dieser* ganz bestimmte Zeitpunkt der richtige war. Mit meinen Eingebungen und Visionen war ich von jeher meiner Zeit voraus.

Gegenwärtig ist die Wirkung und Intensität der Mujas aufgrund der Schwingungsveränderungen auf der Erde und von uns Menschen viel stärker als in den Jahrzehnten zuvor. Das Erdmagnetfeld nimmt ab. Das beschleunigt den Reinigungsprozess von begrenzenden und machtmissbräuchlichen Strukturen auf der Erde. Bis zur Harmonischen Konvergenz im August 1987 begleitete Mutter Gaia (die Erde) geduldig unsere Entwicklung und stellte sich für die Erforschung von Leben in Materie ohne großartiges Einschreiten und eigener Präferenz zur Verfügung. Laut meinem Wissen wurde es vor Äonen so mit der Gemeinschaft aller Lebewesen oder dem Rat der Schöpfung (siehe es bitte als ein Modell) vereinbart. Mit der eigenen Präferenz meine ich, dass sie, die Erde, bis dahin nur dem Wohle aller gedient hatte. Seitdem jedoch dient sie in erster Linie ihrem eigenen Wohle und dem Aufstieg in ein neues, höheres Bewusstsein, welches von Mitgefühl und der Weisheit des Herzens getragen wird. Das kommt zudem unserem Wohl als Menschheit entgegen. Gleichzeitig wird die Wirkung der Mujas durch das erneuerte und veränderte Magnetgitternetz der Erde zusätzlich verstärkt, welches, wie ich es wahrnehme, u. a. die Energien der Klarheit, Wahrheit und Herzöffnung in sehr starker Art und Weise auf der Erde etabliert.

Wie Du selbst bestimmt schon bemerkt hast, bleibt heutzutage nichts mehr geheim, sondern der ganze »Schmu« kommt ans Licht. Da ich selbst nicht unmittelbar an diesem Projekt beteiligt war, empfehle ich Dir, für umfassende Informationen in den Durchsagen beispielsweise von Kryon durch Lee Carroll nachzulesen. Bei diesen grundlegenden Veränderungen können Dir die Mujas behilflich sein. Wir sind mitten drin im Jahr 2012, und wir als Zusammenschluss von Wesenheiten werden wieder einen großen Zyklus zu Ende bringen.

Die Mujas sind eine spezielle Kombination von Energiepunkten, Linien und geometrischen Formen, welche für das physische Auge noch nicht wahrnehmbar sind und die verschiedene energetische und galaktische Systeme miteinander verbinden und auf der feinstofflichen Ebene wirken. Diese wurden zur damaligen Zeit in den heiligen ägyptischen Tempeln gelehrt und nur an weit fortgeschrittene Initianten zur Unterstützung der eigenen Bewusstseinsentwicklung weitergegeben. Sie dienten der Reinigung und Öffnung des Geistes für eine erweiterte Sicht auf die Dinge. Schon damals wussten die Hohepriester, dass der Geist nur durch eine bewusste Klärung und einen bewussten Umgang mit der Gefühlswelt Freiheit erfahren würde und sich der Mensch die Ebenen seines Wahren Seins nur so würde erschließen können.

Heute befinden wir Menschen uns alle in einem entscheidenden Evolutionsprozess, vom »unbewussten menschlichen Sein« zum bewussten »Christus-Buddha-Sein«. Doch was bedeutet Christus-Buddha-Sein? Für mich beschreibt es die Qualität eines Menschen, der Verstand und Gefühl in sich vereint hat und dies mit der Kraft des Herzens in die Handlung bringt. Es ist ein Zustand vollkommenen Mitgefühls, Achtung und Wertschätzung für sich, sein Umfeld und alle Lebensformen. Es lässt uns erkennen und begreifen, dass alles eine Berechtigung und Sinnhaftigkeit hat. Aus diesem Bewusstsein heraus dienen wir alle dem Leben und haben zu jeder Zeit das natürliche Bestreben, zum Wohle aller zu sprechen, zu handeln und zu erschaffen. Dies wird uns gelingen, indem wir den Schritt hin zum Herzen vollziehen, zur vollständigen Annahme unseres Selbst und zum kreativen Ausdruck der bedingungslosen Liebe, die in uns wohnt. Wir vollziehen diesen Schritt durch unser Sein, Tun und Handeln. Gleichzeitig werden wir auch den Schritt hin zur Wahrheit, zur Klarheit und zu Gott tätigen, hin zur allumfassenden Liebe, die jeder von uns in der Essenz ist. Die Schwelle ist überschritten. Mit großen Schritten kommen wir dieser Wahrheit immer näher. Doch bevor Klarheit und Reinheit sich ergeben, herrschen Chaos und scheinbare Zerstörung, die alles aufwühlen und tief Verborgenes zu Tage fördern, damit es anschließend gereinigt, wieder neu und zu unserem und zum Wohle aller zusammengeführt werden kann. Indem Du Dich wieder aufmachst, die Verbindung zu Dir und Deinem Herzen zurückzuerobern, wirst Du die Welt verändern. Der Kontakt mit unserem wahren Wesen, der Seele, der Quelle, Gott, der Ich Bin-Kraft (es gibt so viele Namen) führt uns zu mehr Harmonie und Freude im Leben. Die eigene Wahrheit spüren und sich in Balance fühlen, stärkt Dein Vertrauen in Dich selbst, Deine Fähigkeiten und das Leben, kurzum: in Gott.

Es gibt und gab immer nur die eine Kraft, die eine Quelle, aus der alles entsteht. Wir alle sind ein Stück dieser Allmacht und Gnade und tragen ihren Funken in unserem Herzen. Je mehr wir von diesem unseren Licht spüren, umso größer werden unsere Taten sein und umso leichter ist der Weg, selbst zum Licht zu werden und andere durch unseren Ausdruck im Leben an ihr eigenes Licht, ihre eigene göttliche Essenz zu erinnern. Gott und ich sind Eins, der Vater wohnt im Sohne und die Tochter im Herzen der Mutter. Wir alle sind Söhne, Töchter, Mütter, Väter, Liebhaber, Feinde und Freunde zugleich. Wie oben so auch unten, wie im Kleinen so auch im Großen. Alles ist miteinander verbunden und in die Schöpfung eingebunden, gewoben mit Schwingungen der Liebe und Gnade. Alles ist aus einer Essenz geboren und wird auch in diese eingehen, denn es gibt nur das Eine, das sich in der Vielheit zum Ausdruck bringt. Jeder noch so kleine Energiewirbel bleibt bestehen, jeder noch so zarte Klang bleibt im großen Ozean der Sinfonie, dieser *einen* Kraft erhalten. Es streift durch die Wellen des einen Ozeans, bis es verändert, gelöst und zu etwas Neuem erschaffen wird. Das Goldene Zeitalter, von dem viele sprechen und in das wir eingeflossen sind, beschreibt einfach nur die Zeitqualität des neuen Seins auf Erden, dem bewussten sich Eins fühlen mit Gott, der Schöpfung und allem, was ist, auch Christusbewusstsein genannt.

Vielleicht nimmst Du es bereits wahr, dass sich Dinge schneller ereignen als zuvor und dass Menschen an Wegkreuzungen ihres Lebens stehen und neu entscheiden müssen. Und vielleicht bist Du einer dieser Menschen, die jetzt eine neue Entscheidung zu treffen haben. Nichts ist mehr so wie es früher war, und ein stetiges Gefühl von Aufbruch macht sich breit. Wir alle befinden uns im Transformationsprozess, indem Schattiges zur Oberfläche gelangt und lichtdurchflutet/umgewandelt werden möchte, damit wir eine neue Seinsebene von Frieden, Liebe und Harmonie für uns erschaffen können. Wie einen Waschgang in einem riesigen Waschsalon – vom Einweichen, der Vorwäsche, dem Schongang, dem Hauptwaschgang, dem Spülen bis hin zum Schleudergang und erneutem Spülen, dem Weichspülen und Endschleudern beobachte und erlebe ich diesen gesamten Prozess.

Ganz gleich, in welchem Prozess Du Dich momentan befindest: Wir alle befinden uns in der einen oder anderen Wäschetrommel dieser Supra-Waschmaschine – »Schöpfung« genannt –, nur jeder von uns hin und wieder etwas zeitverzögert, was den jeweiligen Programmstatus betrifft. Jede Trommel ist einzigartig, jedes Waschprogramm notwendig. Jeder Gang hat seine eigene Zeit, seinen eigenen Verlauf und ein ganz besonderes Resultat. Denn das große Ziel ist Klarheit, Reinheit und ein strahlendes Weiß.

Die Mujas sind schnell und effektiv wirkende Hilfsmittel bei diesem Prozess und auch als solche einzusetzen. Sie wirken da, wo sie gebraucht werden.

*»Was nützt es mir, die* Muja der Bereitschaft *zu empfangen und zu praktizieren, wenn es mir in der jeweiligen Situation eher an Vertrauen mangelt?«*

Sie helfen Dir, Dich feiner auf Dich selbst auszurichten, damit Du Dich dem Jetzt-Augenblick ganz hingeben kannst. Sie erleichtern Dir den Weg, doch gehen musst Du ihn selbst. Mit dieser Einstellung können sie Dich zu ungeahnten Möglichkeiten führen und gemeinsam mit Dir neue Lösungen finden. Es ist wichtig für uns, in Zeiten größter Not anzuhalten und still zu werden, damit wir die Stimme unseres Herzens wahrnehmen können und diese Liebe ungehindert wirken kann. Gott hat seine ganze Liebe in Dich hineingegeben.

Nutze diese Kraft, die sich Dir in der Stille des Herzens offenbaren kann und wird. Es ist eine gemeinsame Zeit, daher beende den Kampf mit Deinem Ego und beginne, Freundschaft mit ihm zu schließen. Unser Ego ist genauso Teil dieser Schöpfung wie Jesus, Buddha und Du selbst es sind. Das Ego ist zwar lediglich ein Gedankenkonstrukt, aber eine sich sehr real anfühlende Illusion und damit Teil unserer Fahrkarte ins Abenteuer »Menschsein«, hinein in das Spiel des Vergessens, der Angst und der Trennung. Auf dass wir erkennen und vor allem fühlen können, wer wir wirklich sind! Nur durch die erneute Freundschaft mit Ihm, die Versöhnung und das Fallenlassen der Angst werden wir wieder zurück ins Paradies, zurück zu Gott finden und erkennen, dass Gott immer bei uns war und ist. Nun ist es Zeit, heimzukommen und sich zu erinnern: Jeder von uns ist ein Tänzer in perfekter Harmonie, verbunden mit der großen Symphonie des Lebens. Auch wenn uns dies oft gar nicht so bewusst ist.

Alles ist ein heiliger Tanz der Liebe, und nur Du allein bestimmst den Takt, den Rhythmus, die Melodie. Jede Situation, jeder Umstand, der Dir im Leben begegnet, entspringt Deiner eigenen schöpferischen Kreation, sei dies nun bewusst oder unbewusst, ob Du daran glaubst oder nicht. Gedanken sind Energieformen, die schöpferisch durchs Universum streifen und ihresgleichen finden.

Je bewusster wir uns unserer verborgenen Glaubens- und Denkmuster sind, desto größer ist die Wahrscheinlichkeit, nur noch Erwünschtes in unser Leben zu ziehen. Das Außen ist immer nur ein Spiegel unseres Selbst und dessen, was wir an Wahrheiten in uns tragen. Daher spotte nicht über den »Splitter« des Anderen, sondern nutze diesen, um Deinem eigenen »Balken« auf die Spur zu kommen. Die Erde und alle Geschehnisse sind Geschenke der Liebe, der Einen Kraft sowie Deiner Seele, damit Du wachsen und Dich selbst erkennen kannst als das, was Du wirklich bist: ein kreativer mächtig liebender Schöpfer. Keine Deiner Entscheidungen bleibt ohne Folgen, alles manifestiert sich, sobald Du intensiv genug darauf vertraust und die notwendige Energie halten kannst.

Das Universum wird und kann Dir immer nur das geben, was Du Dir selbst zu erhalten erlaubst, auch wenn sich Gott ganz in Dein Selbst gegeben hat. Die eigene Wahrheit finden und diese aus der Tiefe des Herzens leben, ist die einzige Verpflichtung, die Du und wir Menschen an das Leben, unsere Eltern und Gott, der ICH BIN haben. Dann werden wir selbst zum Licht!

*»Fühle mein geliebtes Kind, Gott war und ist immer Dein. Ich trage Dich auf Händen, und alle Engel singen Dir ein Lobeslied, preisen und segnen Dich so, wie ich es mit jedem Deiner Atemzüge mache und machen werde, immerdar. Denn Ihr seid das Reich und die Herrlichkeit in Ewigkeit. Wie oben so unten, wie im Kleinen so auch im Großen. Alles ist eins: Erde, Universum, Ego, Du und ICH BIN. Amen.«*

# Praktische Anleitung

Es gibt 18 Mujas mit jeweils verschiedenen Ausrichtungen und Wirkungsformen. Beginne zuerst mit der Basis-Muja »Erdung« und schließe »Zentrierung« an.

Mit einem guten kraftvollen Stand auf der Erde können wir die Herausforderungen im Leben am leichtesten meistern!

Dann gehe gefühlsmäßig in die entsprechende Situation und bleibe einfach der Beobachter dessen, was sich ergeben möchte, während Du die dafür förderliche Muja hältst.

Arbeite so lange mit der Muja, bis sich Dein gefühltes Erleben verändert und Du neue Erkenntnisse erlangst, mit denen Du weiter forschen kannst. Manchmal bedarf es Geduld und Beständigkeit, bis wir Einsichten erhalten und beginnen können, den unerwünschten Umstand zu verändern. Daher sei gnädig und achtsam mit Dir und erlaube Dir, in Deiner eigenen Zeit voranzuschreiten. Da sie schnell wirken, kannst Du die verschiedenen Mujas sofort in der jeweiligen Situation anwenden, um Dir Erleichterung zu verschaffen. Dennoch musst Du wissen, dass sie nicht die Eigenarbeit und bewusste Reflektion Deiner selbst ersetzen. Manchmal tut es einfach gut, zwischendurch die eigenen Qualitäten ganz bewusst im Körper zu spüren, auch ohne ein bestimmtes Ereignis oder einen Anlass dafür.

Die Mujas kannst Du zu jeder Zeit an jedem Ort praktizieren, ob im Bus, in der Pause oder beim Spazierengehen. Am Anfang empfehle ich Dir, eine entspannte Sitzposition mit aufrechter Wirbelsäule einzunehmen. Das Ziel ist nur das Ende eines Weges und der Anfang von etwas Neuem …

Das habe ich mal gelesen und kann es aus eigener Erfahrung bestätigen. Denn das einzige Wichtige im Leben sind unsere Erkenntnisse und die Liebe, nur die nehmen wir mit über die Schwelle des Todes hinaus ins ewige Sein.

Praktiziere die Mujas mindestens sieben Minuten lang, darüber hinaus kannst Du sie solange halten, wie es sich für Dich gut anfühlt. Es kann sein, dass Dir am Anfang etwas schwindelig wird, dass Du Hitze oder starkes Kribbeln verspürst. Sei geduldig und liebevoll mit Dir, denn Deine Körpersysteme haben sich wieder daran zu gewöhnen, mit den neuen alten Energieverknüpfungen umzugehen.

Gern kannst Du sie mit anderen Techniken und Methoden kombinieren, sei einfach neugierig und mutig, Neues zu erkunden und auszuprobieren.

Bei den Mujas ist jeder Berührungspunkt wie ein Akupressurpunkt zu verstehen. Daher dürfen sie gern mit ein wenig Druck ausgeübt werden. Vielleicht verspürst Du ja »nur« ein angenehmes Gefühl, ein Prickeln oder wohlige Wärme durchströmt Dich. Als hellsichtiger Mensch wirst Du die energetischen Auswirkungen gut wahrnehmen können. Es ist völlig normal, solltest Du nicht gleich etwas ganz Bestimmtes verspüren. Entspanne Dich, das Leben darf von Freude und Leichtigkeit erfüllt sein, und überlasse den spirituellen Marathon anderen. Bleib einfach präsent, denn auch ein scheinbares Nichts, eine Leere sind von tiefer Wahrheit durchdrungen.

Wie wir Menschen sind auch die Mujas ins lebendige Sein des Universums eingebunden. Alle Beschreibungen der Fingerstellungen gelten jeweils für beide Hände. Da die einzelnen Hände ihre eigene Bedeutung haben, spürst Du vielleicht während der Übungen beide geeint und doch voneinander getrennt wirkend. Auch hier geht es um die Balance zwischen Trennung (Illusion) und Einheit (Wirklichkeit). Es gibt so viele Wege wie Menschen, und jeder ist einzigartig und wertvoll. Finde Deinen eigenen und bleibe kreativ dabei. Forsche und fühle, nutze die Werkzeuge und kombiniere sie so, wie es für Dich gut ist. Bleibe Dir dessen bewusst, es sind nur Werkzeuge, Du jedoch BIST.

# Basis-
# Mujas

## 1. Erdung

▶ Daumenendglied (Beuge) liegt mittig zwischen dem Mittelfingerendglied und mittlerem Mittelfingerglied

▶ Daumenendglied übt seitlich leichten Druck auf das Mittelfingerendglied

▶ beide Hände parallel zueinander

▶ beide Zeigefinger sind abgespreizt und zeigen gestreckt nach vorne

▶ die anderen Finger liegen bequem am Mittelfinger an

▶ tiefe und entspannte Bauchatmung

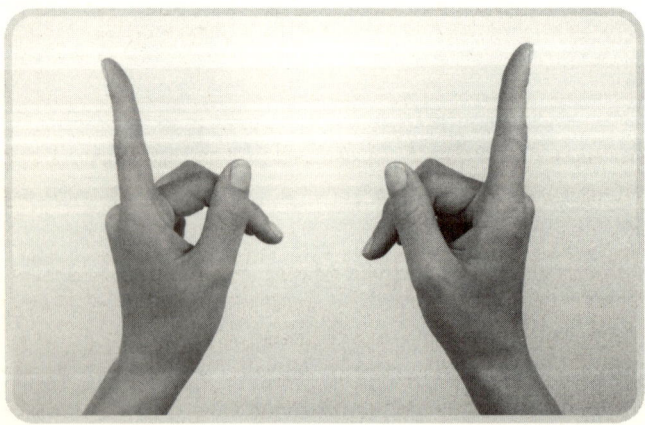

## 2. Zentrierung

▶ Gleiche Fingerstellung wie bei der Erdung

▶ nur die Zeigefinger werden wie ein Schalter
umgelegt und befinden sich parallel zum Daumen

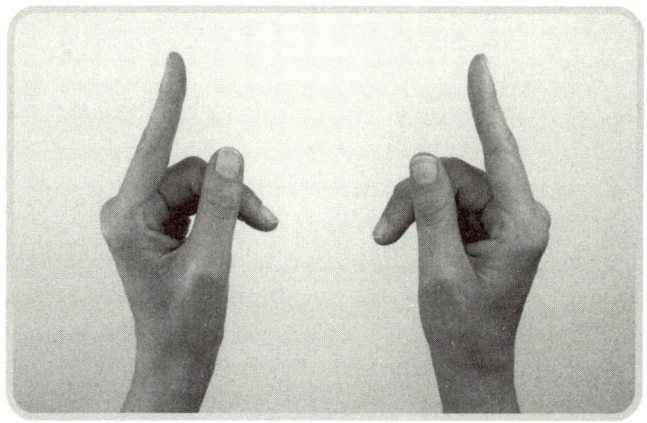

Vor allem die Mujas »Erdung« und »Zentrierung« bezeichne
ich als Basis-Mujas, da sie unter anderem der Vorbereitung
und Einstimmung dienen.

Besonders in der heutigen Zeit sind für jegliche Form von
Eigenarbeit Erdung und auch Zentrierung sehr wichtig. Ich
empfehle Dir, immer mit der Basis-Muja »Erdung« zu beginnen. Wenn ich sie anwende, kann ich sehen, wie sich alle
meine Chakren zu einer Linie ordnen, wie bei einem Reiß-
verschluss. Dann spüre ich eine tiefe Entspannung in mir

und dass etwas in den Boden abfließt. Wenn Du magst, kannst Du Dich währenddessen noch zusätzlich mit Deinem Erdstern verbinden und Dankbarkeit an Mutter Erde senden. Erlaube den Energien, bis zu Deinem Herzen aufzusteigen. Dann verbinde Dich mit Deinem Seelenstern und lass die Energie bis zu Deinem Herzen hinunterfließen. Danach lasse bewusst die Energie des Erdsterns hinauf zum Seelenstern und die Energie Deines Seelensterns hinunter zum Erdstern fließen. Verbleibe darin so lange, wie es gut für Dich ist. Jetzt bist Du vollkommen verankert in der Welt wie ein Mammutbaum und für große Stürme gefestigt.

Die Basis-Muja »Zentrierung« verbindet beide Gehirnhälften miteinander und zentriert Dich im Hier und Jetzt. Ich erlebe es wie zwei Scheinwerfer, die vor meinem geistigen Auge in Form einer Pyramide zu einem Punkt zusammenkommen. Probiere auch mal nur mit einer Hand, die Muja zu halten, und spüre, wie sich das in Dir äußert. Achte dabei auf Deine linke und rechte Körperhälfte, auf Deine weibliche und männliche Seite. Je nach Bedarf kannst Du die eine Gehirnhälfte mehr aktivieren oder umgekehrt. Ich bevorzuge immer die Einheit von beiden.

## 3. Kraft und Vertrauen

*Linke Hand steht für Kraft,*
*die rechte für Vertrauen.*

▶ Daumenendglied mittig zwischen dem Zeigefingerendglied und mittlerem Zeigefingerglied

▶ gleichzeitig mit dem Daumenendglied leichten
Akupressurdruck auf das Zeigefingerendglied
ausüben

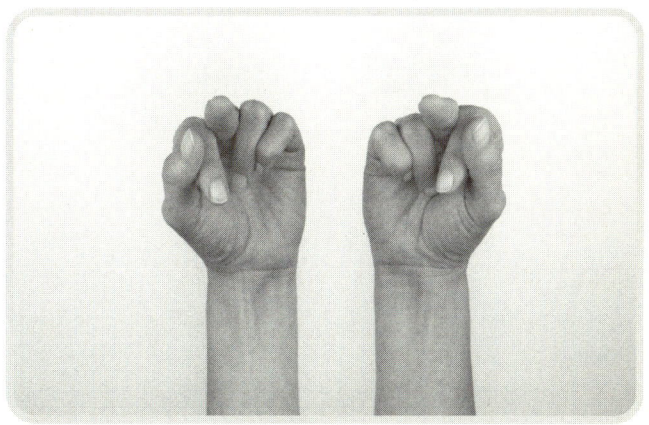

▶ beide Mittelfinger (Finger der Göttlichkeit)
gestreckt halten

▶ die restlichen Finger liegen entspannt Richtung
Handinnenfläche an

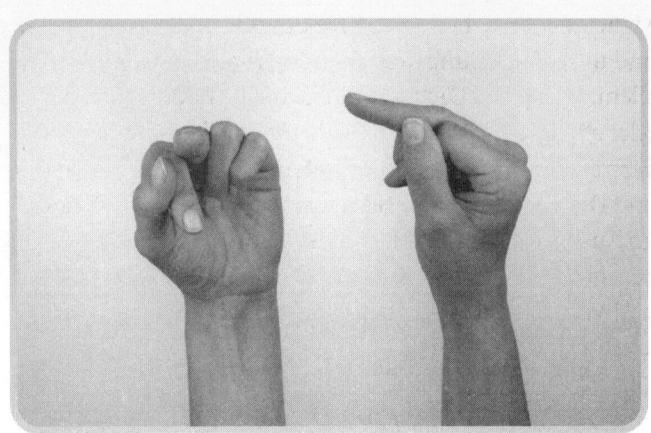

▶ die linke Hand vor dem Solarplexus-Chakra halten, und der ausgestreckte Mittelfinger zeigt zum Himmel

▶ die rechte etwas unterhalb des Bauchnabels (Hara), der Mittelfinger ebenfalls gestreckt zum Himmel zeigend

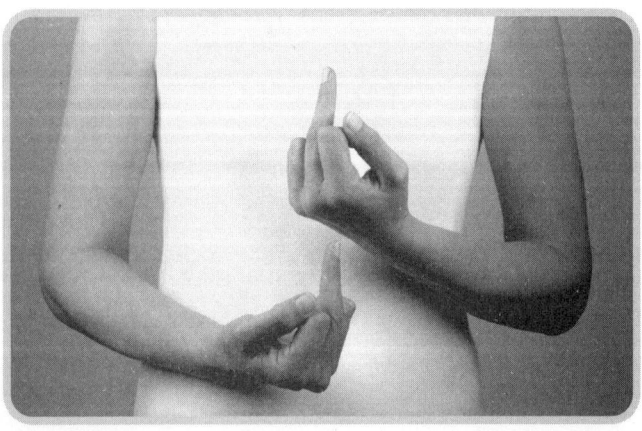

Manchmal brauchen wir Kraft, um unser Vertrauen in uns und unseren Heilungsweg aufrechterhalten zu können. Vor allem, wenn Du Dich für einen noch unkonventionellen oder alternativen Weg entschieden hast. Dann wiederum ist Vertrauen in Deine Kraft erforderlich, dass Du es schaffen und Dein Ziel erfolgreich erreichen wirst, auch wenn es sich im Außen scheinbar anders darstellen mag. Nutze die Muja besonders in Situationen, wo Dein Durchhaltevermögen und Vertrauen in das Gute im Leben gefragt sind.

## 4. Mut und Hingabe

*Hier steht die linke Hand für Mut und
die rechte für Hingabe.*

▶ Daumenendglied liegt mittig zwischen dem
Ringfingerendglied und mittlerem Ringfingerglied,
leichter Druck mit dem Daumenendglied auf das
Ringfingerendglied

▶ beide Mittelfinger (Finger der Göttlichkeit)
gestreckt halten

▶ die restlichen Finger sind entspannt und liegen an

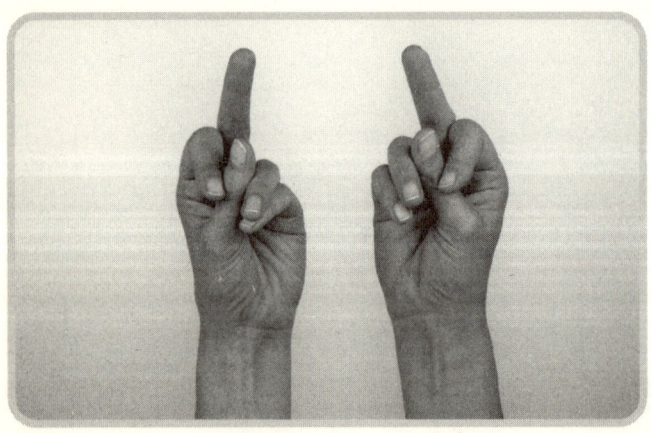

▶ die linke Hand vor dem Solarplexus-Chakra halten,
sodass der Mittelfinger zum Himmel gestreckt ist

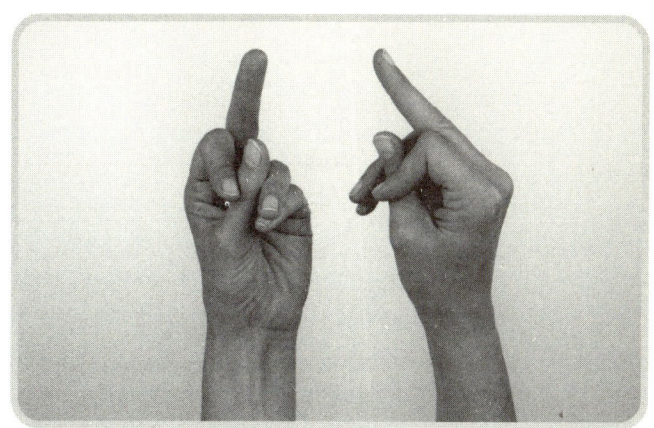

‣ die rechte Hand etwas unterhalb des Bauchnabels (Hara) und wie bei der Muja »Kraft und Vertrauen« halten, nur mit einer ¼ Bewegung zum Körper hin, sodass Du seitlich auf den gesamte Daumenbereich blickst

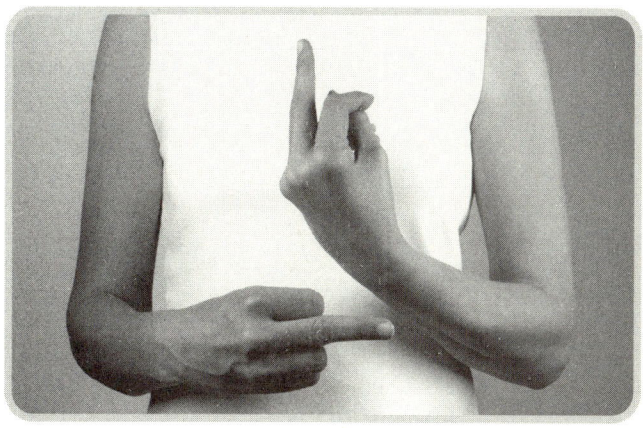

Ohne Mut wirst Du kein Wagnis eingehen und nie über den Tellerrand schauen. Du wirst ein bequemes und einfaches Leben führen. Um zu wachsen, zu strahlen und wahrlich Großartiges zu vollbringen, braucht es Mut und Hingabe: an Dich, Deine Visionen und an das Leben.

Das größte Wagnis jedoch, was es für uns Menschen gibt, ist die Liebe. Liebe kannst Du nicht »machen«, Liebe geschieht. Du kannst nur weiter mutig den Weg Deines Herzens gehen und Dich dem Leben hingeben. Dann wird auch Liebe fließen.

*Im weiteren Verlauf habe ich keine detaillierten Angaben bezüglich der Zuordnung der Hände mehr gemacht, da die Mujas am besten gemeinsam wirken. Betrachte sie als eine Einheit, in der jede ihren heilenden Beitrag fürs Ganze darbringt.*

## 5. Ruhe und Weichheit

▶ Daumenendglied liegt mittig zwischen dem Ringfingerendglied und mittlerem Ringfingerglied

▶ Daumenendglied übt leichten Druck auf das Ringfingerendglied aus

▶ Mittelfinger entspannt auf die Daumenmulde zwischen Nagelbett und Gelenk legen

▶ die Hände sind parallel, und die Handinnenflächen zeigen zueinander

▶ die Zeigefinger sind gestreckt, wobei sie im mittleren Glied gebeugt sind, sodass sie einen Bogen bilden

▶ restliche Finger entspannt in der Handinnenfläche halten

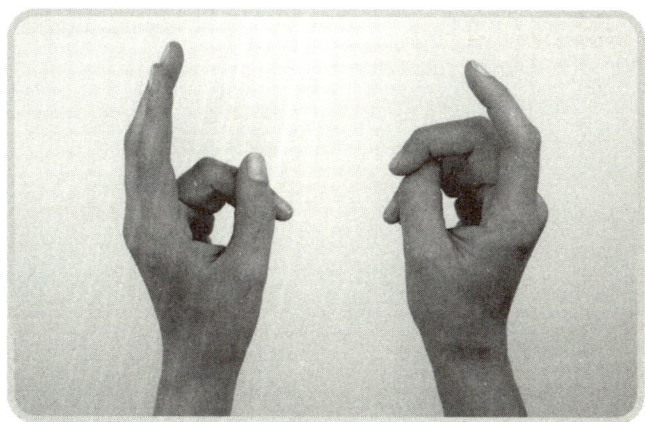

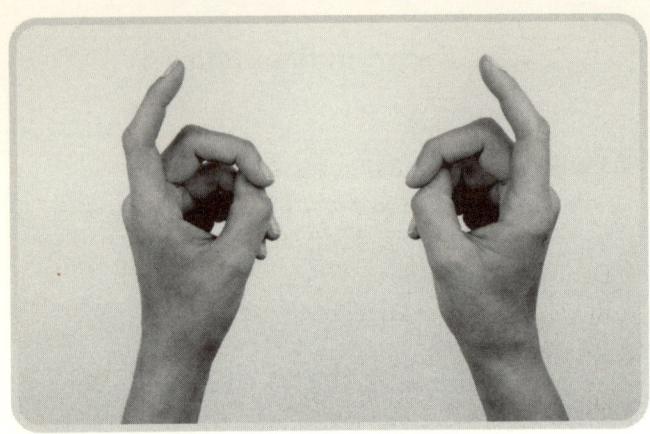

Zur Ruhe kommen hilft unserem Körper und Geist, zu entspannen und den Blick wieder auf das Wesentliche richten
zu können. Ruhe öffnet Dir auch den Raum, in Dich sinken
und Deine Zartheit erfahren zu können. Weichheit schafft
Möglichkeiten, aus einer Starre oder starren Gedanken heraus und wieder ins Fließen zu kommen. Nutze diese Muja,
wann immer Du das Gefühl von Enge, Stress und Einglei-
sigkeit hast.

## 6. Klarheit und Beständigkeit

*Die Fingerhaltung ist ähnlich der*
*Muja 5 »Ruhe und Weichheit«.*

▶ Die Daumenendglieder liegen zwischen dem
Ringfingerendglied und mittlerem Ringfingerglied

▶ Daumenendglied berührt das mittlere Ringfingerglied, leichter Druck

▶ Mittelfinger entspannt auf die Daumenmulde
zwischen Nagelbett und Gelenk legen

▶ die Zeigefinger sind gestreckt und abgespreizt
nach vorne zeigend

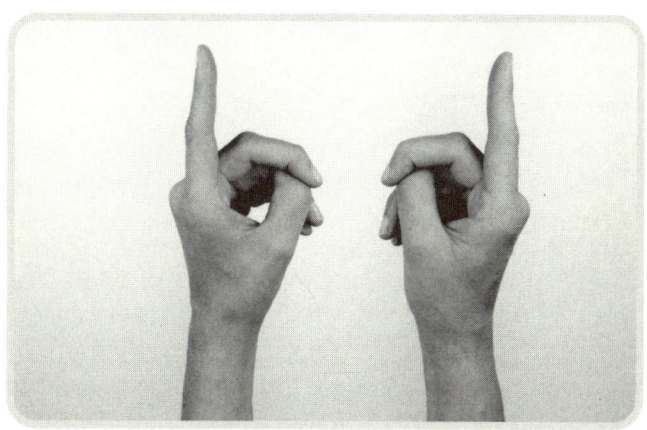

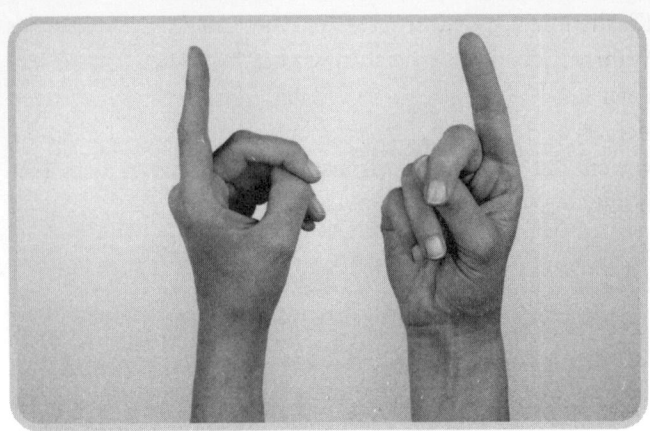

» rechte Hand mit ¼ Handbewegung zum Körper hin vor dem Solarplexus-Chakra, Du kannst auf den Handrücken blicken

» linke Hand bleibt im Bereich des Bauchnabels

» die Hände sind leicht gekreuzt

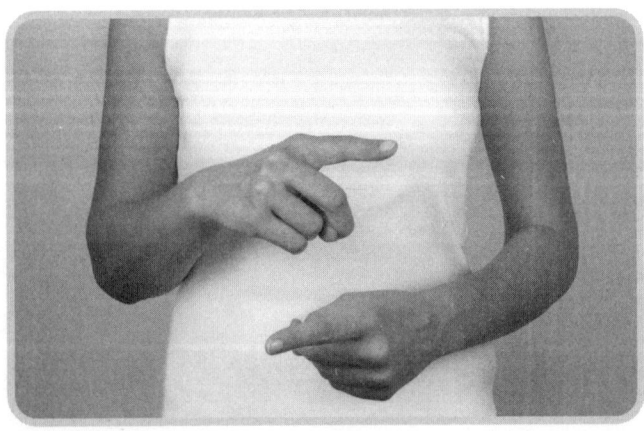

Klarheit bringt Ordnung in Systeme und schafft Raum für Wahrheit. Manchmal müssen wir beständig Klarheit einfordern und auch unbequem werden, damit Veränderungen sich ergeben können. Dann hilft es, in der Ruhe zu bleiben, wie ein stetiger Tropfen, der sanft und weich den Stein aushöhlt.

## 7. Freude

- Mittelfingerkuppe mittig zwischen dem Daumenendgelenk und Daumengrundgelenk

- Mittelfingerendgelenk übt leichten Druck auf das mittlere Daumenendgelenk

- die Zeigefinger auf das mittlere Daumengelenk legen

- Ringfinger in die Mulde des Daumens oberhalb des Daumenendgelenks legen

- die Kuppen des kleinen Fingers und des Daumens berühren sich

- beide Hände parallel und die Handinnenflächen zeigen zum Himmel

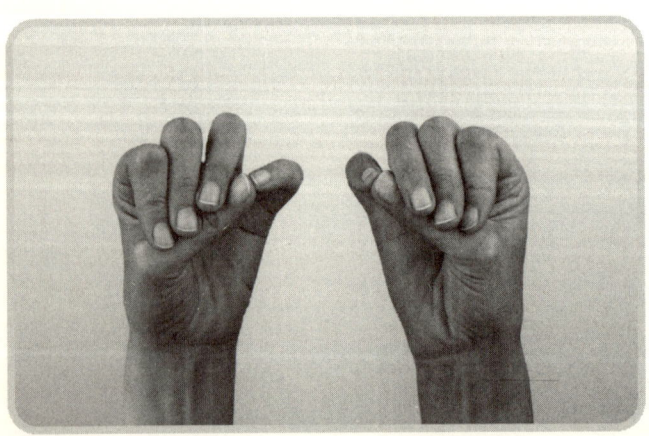

Freude ist das Tor zu Gott. Wenn ich lachenden und freudigen Kindern zusehe, dann geht mir das Herz auf, und ich spüre unendliche Liebe und Faszination für das Leben. Erlaube Dir, mehr Freude in Dein Leben einzuladen. Alles hat seine Zeit, die Traurigkeit genauso wie die Freude. Wende Dich nicht nur einem Pol zu, sondern achte auf die Balance. Denn heilende Tränen können auch Tränen der Freude sein.

## 8. Bereit sein ...

… zu empfangen, anzunehmen,
heilen, geben, sich öffnen …

▶ Daumenendgelenk liegt zwischen dem Zeigefingerendglied und mittlerem Zeigefingergelenk,
sanfter Druck auf das Zeigefingerendglied
ausüben

▶ die restlichen Finger liegen alle aneinander gereiht,
wie zu einem Gefäß geformt

▶ die Hände zeigen zum Himmel und sind bereit
zu empfangen

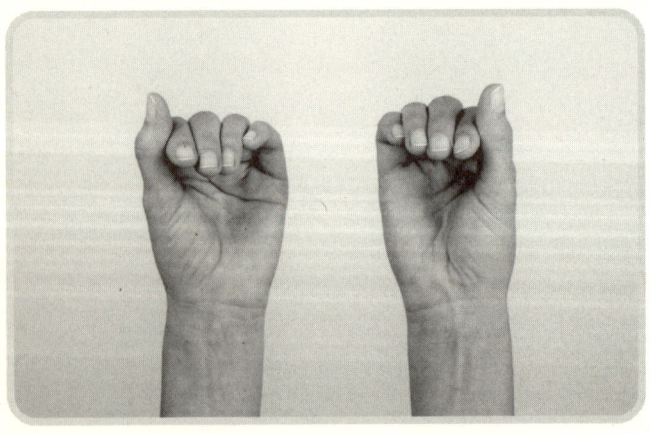

▶ es ist sehr hilfreich, dabei das Wort »bereit sein«
wie ein Mantra innerlich oder laut zu wiederholen

▶ Vertrau auf Dein Gefühl, Du wirst genau wissen,
   wann es gut für Dich ist!

Die Fähigkeit, sich dem Leben zu öffnen, bereit zu sein und
es sich selbst zu erlauben, Gottes Liebe und Fülle bewusst
zu empfangen, die wir bereits SIND.

## 9. Loslassen

▶ Mittel- und Zeigefinger auf den Handballen legen, die Handinnenflächen zeigen zueinander

▶ Daumen umfasst das Zeigefingerendglied

▶ die Ringfinger sind seitlich abgespreizt und bilden im mittleren Gelenk einen 45 Grad Winkel

▶ die kleinen Finger gleichfalls seitlich wegspreizen

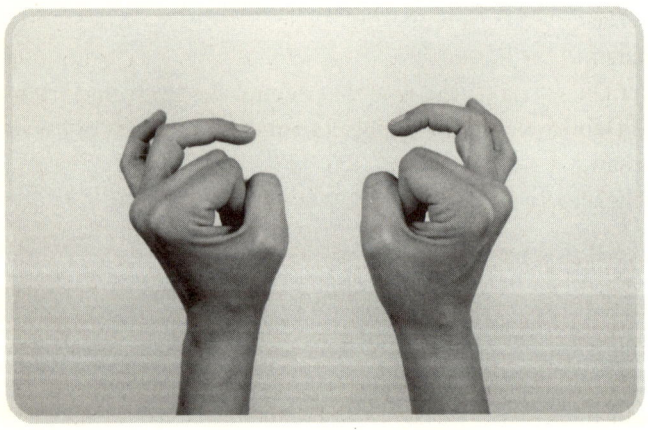

Loslassen kann sich oft nur dann wirklich vollziehen, wenn ich mir selbst und auch der loszulassenden Situation oder dem Menschen gegenüber gnädig bin und in Liebe vergeben kann (siehe auch Muja 15 »Sich selbst vergeben und verzeihen«). Vergeben bedeutet für mich, sich selbst und dadurch auch andere von den Fesseln der Vergangenheit zu befreien, das eigene Herz weit zu öffnen und bereit zu sein, einen Neuanfang zu starten.

Wenn Du aus tiefem Herzen vergibst, bist Du verbunden mit der allumfassenden Liebe, Gott in Dir, die alles heilt. Wahre Vergebung beginnt bei uns selbst, denn solange wir mit uns selbst ins Gericht gehen, sind wir innerlich verschlossen, und unser Herz schrumpft auf die Größe einer Erbse. Dann wird Vergebung zu einem Mythos, und unsere Ressource des Loslassens scheint weit entfernt durch ferne Galaxien zu reisen. Es gibt immer eine Zeit des Festhaltens und eine Zeit des Loslassens. Nutze die Weisheit in Dir und lass los, was gehen möchte, denn sonst wird Dein Leben von Leiden und Qualen bestimmt sein.

Das Außen ist immer nur ein Spiegel dessen, was Du bereits in Dir trägst. Daher beginnt wahre Veränderung nur bei Dir selbst. Möchtest Du Frieden, Harmonie und Liebe in Deinem Leben und vielleicht auf der ganzen Welt? Dann schau, wo bei Dir im Inneren Unruhe, Gewalt und Feindseligkeit herrschen. Welche Kriege führst Du?

Gott ist bereit, Dir alles, wirklich alles! zu geben. Ausnahmslos. Der Witz ist, er hat es bereits getan, tut es immer noch und wird es immer tun. Ewig. Nur Du allein bestimmst das Was und Wieviel! Bist Du wirklich bereit, Dich einzulassen und anzunehmen, dass nur das Beste für Dich bestimmt ist? Dass Du es verdienst, glücklich zu sein und freudig in Fülle zu leben? Dass es Dein Geburtsrecht ist?

*Spüre nach, werde still und höre ganz tief in Dich hinein …*

Jetzt weißt Du, warum Dein Leben so ist, wie es sich momentan darstellt …

Du kannst alles ändern, jederzeit! Es bedarf nur deines Bewusstseins und eines tiefen Vertrauens in Dich selbst und der Liebe, die alle Wunden heilt.

## 10. Gnade ...

### ... für sich und andere

▶ Die gleiche Haltung wie bei Muja 9 »Loslassen«, nur dass die Handinnenflächen zum Himmel zeigen.

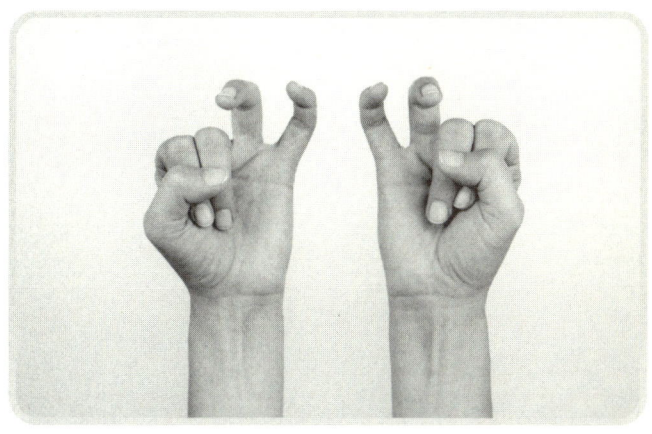

Je gnädiger Du mit Dir umgehst, umso schneller und leichter können Deine Wunden heilen. Gnade hat für mich eine der stärksten Heilwirkungen und öffnet sofort die Türen Deines Herzens.

Jeder Mensch befindet sich mehr oder weniger im Gefühl von Mangel. Sei es ein Mangel an Liebe, Zuneigung, Verständnis, Dankbarkeit oder Wertschätzung und Achtung. Dieser Mangel kann sich oft in einem »es ist nie genug« oder »ich bin nicht gut genug« ausdrücken. Dann gehen wir mit der gleichen Strenge und Härte mit uns um, wie wir es von Haus aus gewohnt sind. »Das, was ich kenne, gibt mir Sicherheit, auch wenn es mich das Leben kosten kann.«

Beginne, gnädig mit Dir zu sein und eröffne Dir neue Sichtweisen und Chancen damit. Falls es Dir für Dich selbst nicht gleich gelingen mag, sei gnädig zu den Anderen und komme über das Außen nach innen. Wenn Du eine Antwort nicht weißt oder etwas nicht kannst, dann gib sie jemanden anderem oder mach es für jemand anderen. Du kannst die Muja auch gern in Kombination mit der Muja 8 »Bereit sein« für ein Gebet nutzen.

*Dankbar zu sein und im Gefühl, es bereits erhalten zu haben, ist das wirkungsvollste Gebet.*

## 11. Eigenen Ärger und/oder Wut annehmen und umwandeln können

▶ Daumenendgelenk an das mittlere Gelenk des Mittelfingers

▶ Daumen gestreckt halten und leichten Druck auf das Mittelfingergelenk geben

▶ Zeigefinger sind gestreckt und parallel zum Daumen

▶ restliche Finger sind entspannt

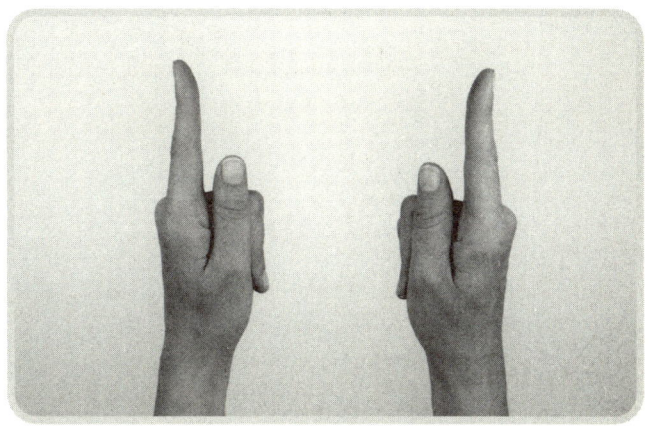

Erlaube Dir, nur wahrzunehmen und offen zu bleiben, ganz gleich, welche Gedanken und Gefühle sich melden. Nimm wahr, bleib präsent und heiße sie willkommen. Atme in Dein Herz. Nur wenn wir uns erlauben, die Emotionen

wertfrei zu fühlen, werden wir sie verändern und schließlich loslassen können. Dann kann aus Wut etwas Neues entstehen, wie Kraft und Mut. Ist Dir aufgefallen, welche Kraft Wut freisetzen kann? Dass Du Dir dann oft mehr zutraust und plötzlich mehr Dinge vollbringen kannst, als Du je geahnt hast?

Und wie kraftvoll Du Dich währenddessen fühlst? Unterdrückte Wut wirkt zerstörerisch auf den eigenen Körper und die Psyche. Transformiere sie und nutze diese enorme Kraft für Dich und auch zum Wohle aller.

## 12. Gelassenheit

*Wie die Muja 11 »Eigenen Ärger und/oder Wut*
*annehmen und umwandeln können«,*
*nur dass die Zeigefingerkuppen jeweils*
*die Daumenkuppen berühren.*

▶ Daumenendgelenk an das mittlere Gelenk des
Mittelfingers

▶ Daumen gestreckt halten und leichten Druck auf
das Mittelfingergelenk ausüben

▶ Zeigefinger berühren die Daumenkuppe

▶ restliche Finger sind entspannt

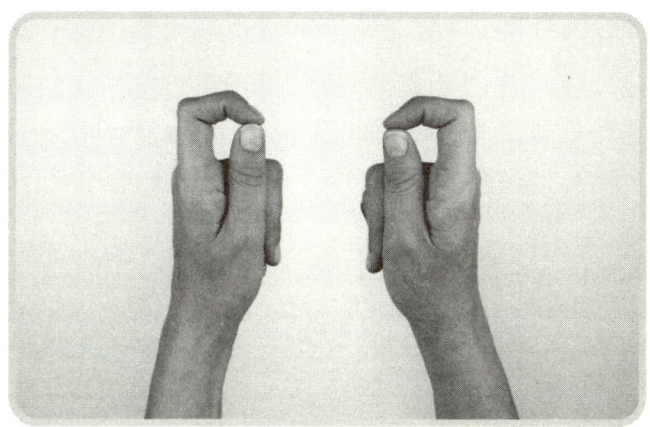

# Ärger und Wut – eine Betrachtung

Aufgrund meiner eigenen Erfahrung möchte ich dem Thema *Ärger und Wut* mehr Raum widmen. Für mich sind diese Emotionen eines der machtvollsten Mittel, neben der Liebe, die wir Menschen in diesem Universum als Lernaufgabe haben. Ärger und Wut anzunehmen, diese scheinbar zerstörerischen Kräfte zu transformieren und sie uns als neue schöpferische Kraft zur Verfügung zu stellen, ist für mich eine der »Königsdisziplinen«. Wie alles im Leben ist auch dies ein Prozess: Schritt für Schritt die eigene Macht wiederzuerlangen und frei im Ausdruck zu sein. Der Schlüssel für diesen Weg ist Liebe, Mitgefühl und natürlich Bewusstsein.

Wir Menschen reagieren oft mit Ärger und Wut, wenn wir uns hilflos, ausgeliefert, an die Wand gedrückt und ohne Ausweg fühlen, kurzum: innerlich in größter Not. Vielleicht haben wir nicht gut auf unsere Grenzen geachtet oder trauen uns nicht, diese frei zu vertreten. Es gibt noch viele andere Gründe, weshalb Menschen rasend vor Ärger und Wut sein können. Doch statt den Nachbarn mit einem Gartenzwerg zu erschlagen, ist es viel gesünder, anzuhalten, innezuhalten und sich der eigenen Situation bewusst zu werden.

»Was ist passiert? Wie geht es mir gerade wirklich? Was steckt hinter meiner Wut, meinem Ärger? Fühle ich mich abgelehnt, missverstanden oder gar hilflos? Verraten und ausgeliefert?«

Dieser Moment bewussten Wahrnehmens kann Deine Situation sofort verändern, da Du im Kontakt mit Deiner inneren Wirklichkeit bist. Erst jetzt kann etwas Neues entstehen. Sobald wir das Gefühl hinter der Fassade von Ärger und Wut entdecken, beginnt Veränderung. Mag sein, dass in diesem Augenblick dem anderen Menschen verbale oder körperliche Gewalt anzutun Erleichterung verschafft, doch ändert es wirklich etwas an meinem Schmerz, meiner Hilflosigkeit und Machtlosigkeit?

Mein Erleben ist, dass es nichts ändert, sondern dass ich damit eher zerstöre, was ich liebe. Jeder Ärger, jede Wut hat seine Berechtigung. Nicht die Anderen sind schuld. Ich alleine trage die Verantwortung an dem, was ich zulasse oder nicht. Meist ist es so, dass der Andere bereits auf seiner Seelenebene entschieden hat, sich »blöderweise« zur Verfügung zu stellen, um Dir bei Deiner Entwicklung, Deinem inneren Wachstum und der Reise zu Dir selbst behilflich zu sein. Natürlich ist es wichtig, klare Grenzen aufzuzeigen, doch das geht –, auch ohne verletzend und zerstörerisch zu sein. Werde kreativ und höre auf, Dir und/oder Anderen zu schaden.

Sobald eine Wunde berührt wurde, befinden wir uns im alten Erleben, die Gegenwart wird ausgeblendet und die Vergangenheit übernimmt das Steuer. Vielleicht ist es eine Situation aus Deiner Kindheit, als Du drei oder sechs Jahre alt warst. Dank Deiner sehr guten Überlebensstrategie hast Du es überlebt. Doch ist diese Strategie, dieses Verhalten eines drei- oder sechsjährigen Kindes als Erwachsener noch wirklich sinnvoll und angebracht?

Du hast einen Beruf, studierst vielleicht, bist Mutter oder Vater, managst als Hausfrau oder Hausmann Dein kleines Familienunternehmen. Als Erwachsener verfügst Du über Ressourcen und Fähigkeiten, die Du damals als Kind noch nicht hattest. Werde Dir dessen bewusst und befreie Dein inneres Kind und Deine Umgebung von der Verantwortung, für Dich zu sorgen und Dein Leben zu meistern. Erlaube Dir, groß zu werden und ein liebevoller, gütiger Vater oder Mutter in erster Linie Dir selbst gegenüber zu sein. Nur wir selbst haben die Verantwortung für das, was wir zulassen, verschweigen oder unterlassen.

Sobald ich mir meiner wahren Gefühle bewusst bin und diese auch äußere, kann wirkliche Begegnung stattfinden. Alles, was ich in mir trage, ist in der Essenz auch Teil des Anderen. Mag sein, dass es bei diesem Menschen einen anderen Ausdruck hat, doch die Gefühle von Hilflosigkeit, Angst, Ausgeliefertsein, Machtlosigkeit, Verzweiflung usw. sind die gleichen.

Sei mutig und bekenne Dich offen zu Dir und zu dem, was bei Dir ist. Du wirst überrascht sein, wie viele Türen sich öffnen werden. Und falls Du eher Spott oder Ähnlichem begegnest, wisse: Der eigenen Wahrheit zu folgen ist das schönste und wertvollste Geschenk, das Du Dir geben kannst, um wahrhaftige Liebe und Glückseligkeit zu erfahren. Nur der Unmutige versteckt sich hinter Gelächter und versucht, wahre Empfindungen herunterzuspielen. Wirklich stark und kraftvoll zu sein bedeutet, sich jederzeit für sich und seine tiefste Wahrheit einzusetzen. Nur dann wirst Du wahrhaftig Deinen Weg finden und Gott zum Ausdruck bringen.

Ein erschwerender Aspekt zur Umwandlung dieser Emotionen liegt in der Nicht-Fähigkeit, Wut und Ärger urteilslos annehmen zu können. Menschen sind eher damit beschäftigt, sich dafür zu schämen und diese zu verbergen, anstatt sich zu erlauben, die Emotionen frei in sich zu spüren und anzunehmen. Du hast Dich für dieses Leben hier auf Erden entschieden, ob Du das nun glauben magst oder nicht, um genau dies tun zu können: Emotionen fühlen, schmecken, sehen, hören, wahrnehmen, bis sie von Dir, Deiner Seele in der Gänze verstanden wurden, um sie dann einfach wieder frei und ganz loszulassen.

Wir alle befinden uns heute in einem globalen Veränderungsprozess. Alles wurde erfahren und verstanden, was sich die Seelen und die Quelle allen Seins in dieser Ebene der Materie und des körperlichen Fühlens gewünscht haben. Es ist wieder Zeit, heimzukehren, sich von der Illusion der Trennung zu verabschieden und sich der Liebe zu erinnern. Bestimmt hast Du schon erfahren, dass es heutzutage viel leichter ist, Emotionen loszulassen und mehr und mehr aus dem Herzen heraus zu leben. Falls nicht: Hey, Du lernst nie aus!

Letztendlich gibt es nur eine Wirklichkeit, die Liebe. Wird nicht die Angst der Eltern um ihre Kinder aus der Liebe zu ihnen gespeist? Oder die Angst ums eigene Überleben aus der Liebe zum Leben? Je mehr Du Dich »gegen« etwas wendest, desto stärker wird es und spiegelt sich in Deinem Leben wider. Gleichzeitig beginnst Du selbst zu dem zu werden, was Du ablehnst und verurteilst. Nur wenn Du Dir erlaubst, diese intensiven Gefühle zu fühlen und endlich damit aufhörst, Dich dafür zu schämen, sondern Dich eher liebevoll in die Arme nimmst, wird Heilung geschehen. Wut und Ärger erlauben und annehmen bedeutet, bewusst durch die Emotionen zu wandern und die Ursache, die Wurzel zu erforschen, ohne sich darin zu verlieren und anderen Wesen und Dir selbst körperlichen und/oder psychischen Schaden zuzufügen. Daher nehme ich alles, was mir dafür dienlich ist, dankend an und nutze es in freier, kreativer Weise. Und das kannst auch Du.

Das Leben ist ein Findungsprozess, und jeder von uns geht ihn in seinem eigenen Tempo, in seiner eigenen Zeit.

Nutze die heutige Gelegenheit und tauche mit den Mujas in ein neues Erleben von Annahme und Bewusstwerdung ein. Wut verbindet uns stark mit der männlichen Energie, der Libido, die auch Frauen in sich tragen und lässt uns den »Boden« noch intensiver spüren. Die natürlich gelebte Wut konfrontiert Dich mit Deiner eigenen, oft verborgenen und unbewussten Kraft, die in Dir schlummert. Für mich ist sie neben der Liebe ein fühlbarer Vorgeschmack auf unsere grenzenlose innewohnende Schöpfermacht.

# Weitere Mujas

## 13. Annahme dessen, was ist

▶ Rechte Hand umfasst den Handballen unterhalb des Daumens der linken Hand

▶ rechte Daumenkuppe übt leichten Druck auf das mittlere Gelenk des rechten Zeigefingers aus

▶ die Finger der linken Hand sind wie ein Gefäß geöffnet und zeigen zum Himmel

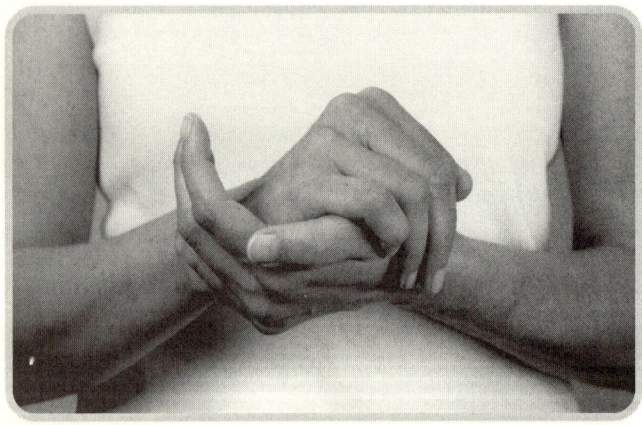

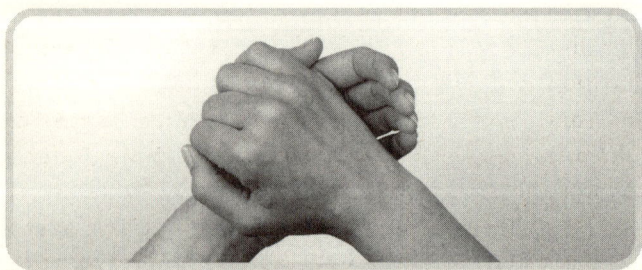

## 14. Sein mit dem, was ist

▶ Linke Hand umfasst den rechten Daumen samt Daumenballen

▶ linker Daumennagel drückt auf die Mitte der linken Zeigefingerkuppe

▶ die übrigen Finger liegen an, wie in Gebetshaltung

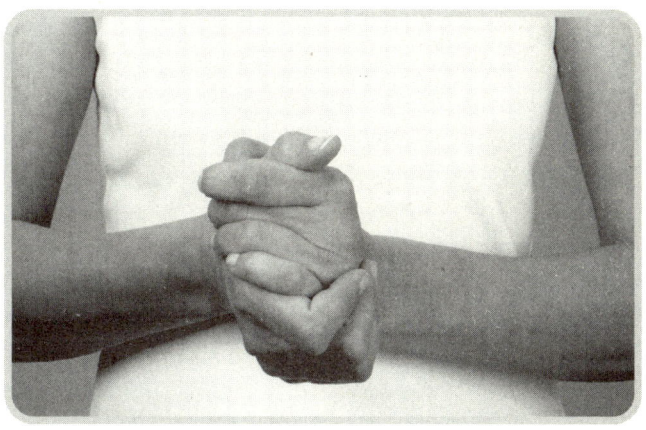

Nur durch wirkliche Annahme der für mich schwierigen Situation, des schmerzvollen Erlebnisses, kann ich eine Veränderung bewirken und meinen Schmerz in die Heilung führen. Indem Du Dir erlaubst, die vorhandenen Gefühle zu fühlen, frei von Urteil, kommst Du Dir selbst näher.

Fühle Dein Herz, und Dein Körper beginnt, sich zu entspannen. Wirkliche Annahme beinhaltet ein Innehalten und

auf unser Inneres zu hören, sich wieder zu spüren und uns selbst Raum zu geben. Kämpfen, Wegmachen oder Hinunterschlucken verursachen nur Spannungen im Körper und führen meist zur Starre und Handlungsunfähigkeit. Im Laufe der Zeit werden aus Spannungen energetische Blockaden, weil die Lebensenergie nicht frei fließen kann, und die sich dann durch körperliche Symptomatik bemerkbar machen.

Jeder Mensch hat den Funken Gottes in sich und das Potenzial, wahrhaft Wunder zu bewirken. Nutze dieses Geschenk und beginne gleich jetzt, Dir dessen mehr und mehr bewusst zu werden. Spüre und lausche Deinem Herzen, Deiner Seele und begegne dem Göttlichen, der Quelle allen Seins in Dir.

So verabschieden wir uns vom Opfersein und kehren zurück zu unserem wahren Ursprung: liebevolle, barmherzige und gnädige Schöpfer unseres Universums zu sein. Gott ist immer bei Dir und hat sich ganz in Dich gegeben.

Jetzt ist Deine Zeit gekommen, Dich wieder an diese Wahrheit zu erinnern und Wunder geschehen zu lassen.

Daher gilt: Krise – Stopp! – Ruhig werden und innehalten. Und vor allem, die Situation auch mal aushalten, denn das ist die hohe Kunst in Richtung der Meisterschaft. Vertrauen zu haben, dass alles, was geschieht, Deinem höchsten Wohle dient und dass Du eingebettet bist in den göttlichen Schöpfungsplan. (Resonanzprinzip: Was ich aussende, erhalte ich in gleicher oder ähnlicher Weise zurück).

*Nur indem wir uns bewusst spüren können, können wir auch wirklich bewusst unser Leben aktiv leben und gestalten.*

## 15.  Sich selbst vergeben/verzeihen

▶ Mittleres Daumengelenk (seitlich) an das Ringfingerendgelenk

▶ die Knöchel berühren sich und üben leichten Druck aus

▶ Mittelfingerkuppe auf Daumenkuppe

▶ Zeigefingerendbereich liegt auf dem Daumenendgelenk

▶ Kleiner Finger liegt an

▶ Hände parallel zueinander und entspannt auf den Oberschenkeln ruhend

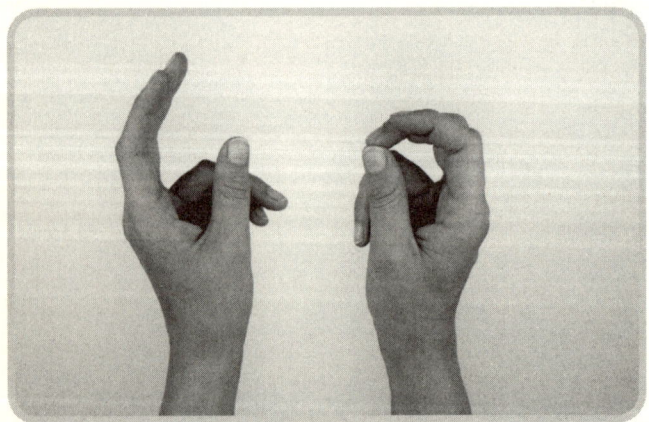

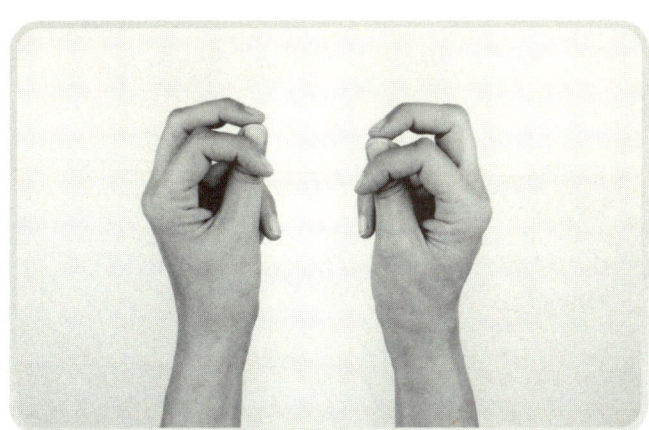

Sich selbst zu vergeben hat auch viel damit zu tun, sich von etwas lösen und von etwas befreien zu können. Indem ich mir vergebe, schenke ich mir die Freiheit, gebe mich dem Leben zurück und erlaube der Liebe in meinem Herzen, wieder frei für mich zu fließen. So wie ich mich selbst liebe und mir vergeben kann, kann ich auch andere lieben, ihnen vergeben und erfüllende Beziehungen leben.

## 16. Ich Bin

▶ Hände geöffnet zum Himmel auf den Knien oder Oberschenkeln ruhend

▶ dabei kannst Du das Mantra: ICH BIN innerlich tönen

Die Ich Bin-Gegenwart ist die Quelle allen Seins und beinhaltet Dein vollkommenes Sein auf allen Ebenen. Sie bringt Dich in Kontakt mit Deiner Essenz, dem göttlichen Einen in Dir. »Ich Bin« steht auch für die Kraft, aus der eigenen Mitte heraus handeln und entscheiden zu können. »Wenn ich zentriert bin, fühle ich mich stark und kraftvoll, bewusst oder unbewusst habe ich optimalen Zugang zu meinen Fähigkeiten, Ressourcen und Möglichkeiten. Ich besitze die Macht, meinen Träumen und höchsten Visionen Ausdruck zu verleihen und sie mühelos zu verwirklichen.«

## Das Licht der Quelle

Diese sind ganz spezielle Mujas. Sie verbinden Dich mit dem Licht und der Liebe des Allerhöchsten, der Quelle allen Seins. Es ist mir eine Ehre, diese zusätzlich zu den anderen Mujas empfangen zu haben, und ich empfinde sie als sehr kostbar. Jede der Mujas ist für mich von unschätzbarem Wert und der eigenen Entwicklung dienlich. Die Welt kann sich nur dann zum Frieden wenden, wenn jeder von uns beginnt, Frieden in sich und mit sich zu schließen und so seinem Nächsten und der Welt begegnet. Alles ist unsere Schöpfung, und nur gemeinsam können wir die Vision einer friedlichen, liebevollen, harmonischen und lichten Welt erschaffen. Aus tiefem Herzen erfüllt mich große Dankbarkeit und Demut für den Zugang zu diesem »alten/neuen« Wissen der Mujas. Ich danke meiner inneren Führung, meinem Höheren Selbst und freue mich, dies mit Dir teilen zu dürfen.

## 17. Das Licht der Quelle empfangen

▶ Linke Daumenkuppe mittig zwischen dem rechten mittleren Daumengelenk und Daumengrundgelenk

▶ rechter Daumennagel berührt den linken Ballen (innen) unterhalb des linken Daumens

▶ linke Zeigefingerkuppe auf das Zeigefingergrundgelenk

▶ rechte Zeigefingerkuppe seitlich auf das mittlere Gelenk des linken Ringfingers

▶ rechter Mittelfinger und linker Ringfinger berühren sich

▶ linker kleiner Finger berührt den rechten Ringfinger, der rechte kleine Finger liegt an

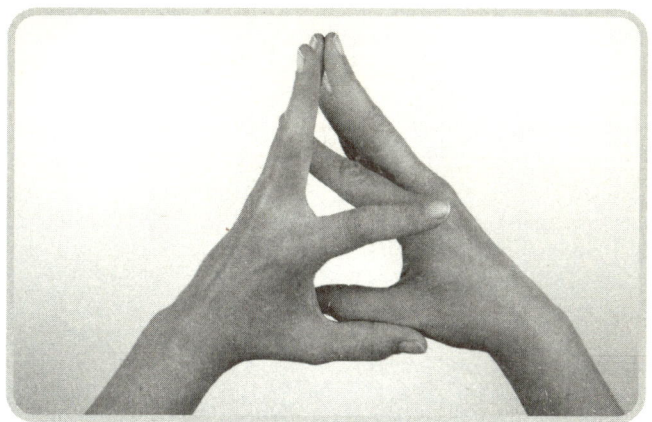

▶ linker Mittelfinger wird über den rechten Zeigefinger gelegt und unter den rechten Mittelfinger geschoben, sodass das Nagelbett Kontakt zum Mittelfinger hat (Nähe des mittleren Gelenks)

⬧ halte die Muja so lange vor Deinem Herz-Chakra, wie es für Dich angenehm ist, und setze die klare Absicht an das Licht der Quelle

### Sei achtsam mit Dir und wahre Deine Grenzen!

Ich empfehle, langsam mit drei bis vier Minuten anzufangen und dann nach eigener Wahl die Dauer zu steigern. Stell es Dir wie eine Leitung vor, die selten oder kaum genutzt wurde und schon rostig geworden ist. Es wäre sehr ungünstig, gleich 20.000 Volt durchzujagen, auch wenn die Leitung dafür ausgelegt ist.

Erfahre das Geschenk der kleinen Schritte. Lass Dir Zeit und bleibe präsent in der Begegnung mit dem, was Du wirklich bist.

Gerne kannst Du die Muja auch vor Dein 3. Auge und/ oder vor die anderen Chakren halten, vertraue auf Deine Intuition.

## 18. Das Licht der Quelle halten

▶ Die Anordnung der Finger ist die Gleiche wie bei
»Licht der Quelle empfangen«, nur dass der
rechte Daumen zum Fingergrundgelenk (innen)
des rechten kleinen Fingers geführt wird

▶ anschließend die Muja (das Dreieck) nach unten
vor dem Sakral- oder Wurzel/Basis-Chakra halten

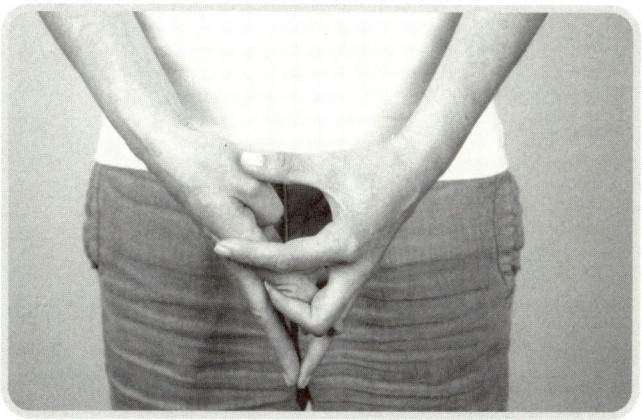

Es ist *eine* Sache, das Licht der Quelle zu *empfangen*, doch
zurzeit können viele Menschen dieses Licht nicht ganz
im Körper *halten*. Dabei wiederum unterstützt Dich diese
Muja.

Eines Tages wird die Zeit stehen bleiben, und es wird nur einen immerwährenden Moment, ein Bewusstsein und ein unendliches Jetzt für uns Menschen geben. Dann werden wir vollkommen in das Reich unseres Herzens eingezogen sein und alle Räume bewohnen, immerdar.

\* \* \*

Ergänzend zu den Mujas gibt es derzeit drei Öle, die ich in Zusammenarbeit mit der Geistigen Welt erstellt habe. Du kannst sie direkt auf die Chakren geben oder auf irgendeine andere Stelle Deines Körpers, zu der es Dich hinzieht.

»Grace/Gnade« in Zusammenarbeit mit den Elfen und Feen. »Love/Liebe« mit den Engeln der Wirklichkeit und »Body/Körper« mit den Wesen der inneren Erde und deren Kristallen für den Aufstieg/Abstieg.

\* \* \*

*orum (o:ruhm) thavu (tha:ju) ka'na*

Sobald Du diese Worte sprichst, wirst Du ein entspanntes und friedvolles Gefühl in Dir verspüren.

Hier wirkt die Schwingung der Worte. Übersetzt kommt es dem »Frieden, Liebe und Licht ist in Dir« nahe. Es ist eine Aussage über das, was wir sind, und es bringt Dein Inneres zum Strahlen. Das ist der effektivste Schutz. Denn es erlaubt dem Außen, so zu sein, wie es ist, ohne mich darin zu verlieren.

# Ein Beispiel aus der Praxis: Auflösung eines traumatischen Erlebnisses

Die Klientin hatte eine traumatische Erfahrung mit einem Lehrer gemacht, die sie kaum zu überwinden glaubte und wegen der sie noch eine ziemliche Wut in sich trug. Ich begleitete sie mit Hilfe der Mujas durch den Prozess. Zuerst gab ich ihr die Muja 11 »Ärger/Wut annehmen«. Sogleich öffnete sich ihr Herz-Chakra, und eine weiche, samtige Energie breitete sich über ihren ganzen Körper aus. Währenddessen wurde alles für die Klientin klarer in ihrem System, Ruhe kehrte ein und sie gewann mehr Abstand zu der Emotion. Gleichzeitig konnte die Klientin für sich erkennen, dass hinter der Wut sehr viel Trauer war und die Wut nur als Schutzschild fungierte. Die Muja brachte das Schutzschild zum Schmelzen, und die Trauer kam zum Vorschein. Es kam vieles an Klarheit über den Ursprung der Wut in ihr auf und auch darüber, gegen wen oder was ihre Wut tatsächlich gerichtet war. Sie begegnete ihrem inneren Kind und dessen Wut auf die Eltern, da sie nicht gut für sie gesorgt hatten. Dies konnte die Klientin sehr gut annehmen, und sie erkannte, dass sie »nicht gut für sich zu sorgen« in ihrem Leben mit sich weiter fortgeführt hatte.

Als nächstes hielt sie die Muja 8 »Bereit sein zu empfangen«. Zwar besaß sie recht viel Wissen, mit solch einer Situation umgehen zu können, doch es war noch nicht wirklich im Bauch angekommen, auf dass sie es hätte anwenden und danach handeln können. Während sie die Muja hielt, konnte sie nochmals klarer erkennen, dass es Eines ist, mit dem Verstand zu *verstehen* und die Zusammenhänge zu *erkennen*, doch das *Fühlen* und *Begreifen* des Ausmaßes, nicht genügend beschützt gewesen zu sein, etwas vollkommen anderes war. Dieses Spüren brachte sie in eine totale Betroffenheit für sich selbst und ihr inneres Kind. Sie bekam wieder Kontakt zu der Kleinen und stellte eine Verbindung her. Durch dieses tiefe Verstehen und Begreifen hatte sich ein Gefühl von Sattsein eingestellt, welches für sie im Bauchbereich und in den Beinen zu spüren war. Ihr wurde bewusst: »Je satter und fundierter ich mit meinen Beinen auf der Erde stehe, umso mehr und leichter kann ich empfangen und nehmen, was da kommt.«

Zum Abschluss dieses Prozesses gab ich ihr die Muja 13 »Annahme dessen, was ist« an die Hand. Zuvor hatte sie die Muja 14 »Sein mit dem, was ist« ausprobiert. Da jedoch meldete sich ein innerer Widerstand. Energetisch konnte ich beobachten, wie sich die Farbe Blau aus dem Herzen über die Speiseröhre, den Hals und anschließend im ganzen Gesicht ausgebreitet hatte. Die blaue Energie floss auf der Hautoberfläche entlang hinunter bis zu den Füßen, dann wieder zu den Schultern und Armen. Die Klientin spürte nochmals eine tiefere Ruhe in sich, und sie realisierte, wie viele Dinge sie nicht annehmen konnte, so wie sie waren, und wie schwer es für sie war. Diese Auflösung und Veränderung geschah für die Klientin sehr emotionslos. Sie konnte die traumatische Situation aus einer sicheren Distanz erleben, sich darauf einlassen und hindurchgehen, ohne sich in den Emotionen zu verlieren. Das Ende des Prozesses war für sie klar wahrnehmbar.

Gleichzeitig hatte sie beobachtet, wie sich die Kleine nochmals meldete, die gerne weiterhin gebockt hätte. Doch durch die Muja »Annahme dessen, was ist«, gab es keinen fruchtbaren Boden dafür. Ich konnte wahrnehmen, wie der Widerstand der Kleinen durch die Muja dahingeschmolzen war.

Dieser innere Prozess führte für die Klientin zu weiteren wichtigen Erkenntnissen. Sie fragte sich: »Warum lebt ein Kind eigentlich im Widerstand? Ist es der Wunsch nach Reibung und/oder nach Begegnung? Ist es der Wunsch, sich spüren zu können und – selbst wenn ich Widerstand leiste – jemanden zu haben, der sagt: So wie du bist, bist du gut? So wie du bist, bist du richtig?«

Dieses tiefe Erkennen spiegelte sich auch energetisch wider, indem sich die blaue Energie zu einem einzigen Punkt sammelte und hinunter zum Steißbein glitt. Diese Beobachtung machte für die Klientin viel Sinn, denn mit dem Steißbein stehen wir im Leben, und es ist ein Fundament von allem. Dort vollzieht sich das Aufrichten, dort entwickelt sich die Stärke, alles andere setzt sich nur darauf. Ihr wurde bewusst, dass es innerer Größe bedarf, wirklich etwas annehmen zu können.

Während des ganzen Prozesses war es wichtig, dass der Fokus auf der zu lösenden Situation gehalten wurde.

Dies ist eine Möglichkeit, die Mujas zu nutzen. Manchmal reicht eine aus, manchmal braucht es eine Kombination von mehreren. Dieser ganze Bewusstwerdungsprozess ereignet sich innerhalb von zehn Minuten. Je nachdem, wie offen Du bist, kann so ein Prozess schneller oder langsamer verlaufen. In diesem Falle handelte sich um eine Frau, die bereits viel spirituelle Arbeit geleistet hatte und sich auf einen neuen Weg einlassen konnte. Auch wenn Du Dich vielleicht erst jetzt bewusst auf den Weg begeben hast, bleib geöffnet und beständig.

# Heilung im Herzen

Was bringen mir all diese Möglichkeiten der Mujas? Werde ich dadurch reicher, kann ich meinen Lebensunterhalt besser bestreiten und machen sie mich glücklicher?

Diese Fragen kannst Du Dir nur selbst beantworten. Ich für meinen Teil sage Dir, das Leben liegt in Deinen Händen, und es ist an Dir, daraus ein wunderschönes Gemälde, eine atemberaubende Symphonie zu gestalten. Was ist Wirklichkeit, was ist Illusion? Gerade jetzt sind wir Menschen dazu aufgefordert, alle unsere Sinne zu öffnen und mit den Augen des Herzens wahrzunehmen. Doch wie kann ich mit meinem Herzen wahrnehmen, wenn ich von Schmerz, Trauer, Wut, Hass, Frustration usw. durchdrungen bin? Wie kann ich mich für etwas öffnen, das ich nicht wirklich spüren kann, zu dem ich keinen bewussten Zugang habe?

*»Geliebtes Kind, ich sage Dir, bevor noch die Sonne sich wieder am Horizont zeigt, werde ich Deine Hand genommen haben und Dich durch den dunkelsten Pfad begleitet und an manchen Stellen auch getragen haben. Du bist wie ich, nur Deine Sinne sind momentan getrübt und Du befürchtest vom Weg abgekommen zu sein. Doch wahrlich, ich sage Dir, Du bist mein und keine Macht der Welt wird Dich von mir lösen können. Denn ich bin das Leben und die Liebe, die Du bist und die Du finden magst. Also vertraue Deiner Seele und gehe den Weg, den Dein Herz Dir weisen wird.«*

Heilung im Herzen – es klingt so groß, und gleichzeitig spüre ich bei vielen Menschen das Bedürfnis, diesen Weg zu gehen. Doch was ist das? Wie kann ich es fühlen, wie kann ich es erreichen? Brauche ich überhaupt Heilung? Diese und andere Fragen werden Dir zugleich beantwortet werden, sobald Du innehältst, Dich auf Dein Herz konzentrierst und einfach wahrnimmst.

## Dafür eine kleine Reise:

Atme dreimal ganz bewusst tief ein und aus ... Wenn Du magst, schließe Deine Augen ... Fokussiere Dich auf die Zirbeldrüse ... lenke Dein ganzes Gewahrsein dorthin und bleibe in der Präsenz ... Dann stelle Dir einen gläsernen Fahrstuhl vor, in den Du einsteigst ... Die Türen schließen sich automatisch, sobald Du drin bist ... Jetzt fahre mit diesem Lift aus Glas hinunter zu Deinem Hals-Chakra ... spüre die Weite, die Dir dort begegnet ... nun fahre weiter in Dein Herz ... Ganz langsam... und während der Fahrt schaust Du raus und auch nach oben, sodass Du Deine Nasenlöcher sehen kannst ... Im Herzen angekommen, erlaube den Türen, sich zu öffnen und steige aus ... Jetzt bist Du ganz da ... Schau Dich um ... spüre ... nimm wahr ... Lass Dir Zeit, einfach nur da zu sein und wahrzunehmen ... Blicke nochmals hinauf zu Deinen Nasenlöchern und wieder um Dich herum ... Wie fühlst Du Dich? ... Wie ist es für Dich, hier im Herzen zu sein? ... Beginne, noch mehr loszulassen, so wie es Dir im Moment möglich ist ... Kannst du den Frieden und die Ruhe spüren, die sich beginnt auszubreiten? ... Ganz wohltuend ... sanft und heilsam ... Vielleicht spürst Du eine Art Anspannung und/oder es wird eng im Brustbereich ... Vielleicht spürst Du auch nichts Bestimmtes ... auch das ist okay, bleibe einfach in der Präsenz ... Gelingt es Dir, leicht loszulassen ... zuzulassen ... und Dich der Stille für diesen Moment hinzugeben? ... Wenn Du möchtest, kannst Du hier bleiben oder Du steigst wieder in den gläsernen Fahrstuhl ein ... beide Wege sind möglich ... Sobald Du wieder in den Fahrstuhl einsteigst, schließen sich die Türen automatisch ... und Du kommst entspannt ... und friedlich ... wieder wohlbehütet in der Zirbeldrüse, in Deinem Kopf an ... und bist bei vollem Gewahrsein ... Öffne Deine Augen und sei wieder ganz da.

Vielleicht weißt Du jetzt, was Heilung im Herzen für Dich sein kann. Unser Leben war die letzten Jahrtausende geprägt von Gewalt, Scham, Mangel, Frustration, Manipulation, Überlebenskampf ... Jetzt ist es an der Zeit für uns Menschen, aufzuhören, hinzuhören und zurückzukehren zu unseren wirklichen Wurzeln, zu Gott. Es ist vollkommen gleich, ob Du Sie Gott, Universum, allumfassende Liebe oder wie auch immer nennen magst, in der Essenz bleibt es sich gleich. Gott hat Dir so viele Möglichkeiten des Sich-Entwickelns, der Erforschung bis hin zur körperlichen Erfahrung in die Hand gegeben, nutzte sie und beginne der/die zu werden, der/die Du berufen bist zu sein.

Mein Leben war nicht immer einfach, wie für viele andere auch, und dennoch erkannte ich eines Tages, um ehrlich zu sein nach etwa zehn Jahren bewusster intensiver Forschung, dass die Weisen recht hatten. Alles ist wirklich da! Alles, um ein Leben in Freude zu leben, auch wenn ich das oft ganz anders gesehen hatte. Heute kann ich sagen, dass es nur an mir lag, inwieweit ich mir vorstellen und erlauben konnte, dies so zu spüren. Viele Menschen verfangen sich im Spiel von Opfer/Täter, entweder/oder und merken nicht, dass die Wirklichkeit eine völlig andere ist. Wir sind nicht ein Teil des Spiels von Gut und Böse, *wir sind das Spiel.*

Sobald Du erkennst, dass alles in Dir zu finden ist, umso schneller wirst Du Frieden in Dein Leben und somit in die Welt bringen können. Alles im Leben ist für Dich, möchte Dich unterstützen. Der Einzige, der sich schädigt, bist Du selbst. Die Welt ist dazu da, Dich als Wesen zu spiegeln und auf den Weg zu bringen.

Wie kannst Du verstehen, fühlen und begreifen, wer Du bist, wer Du sein möchtest, wenn es nichts scheinbar Gegenteiliges von Dir gibt? Ich erschaffe mir die Welt durch meine Sichtweise, durch meine Urteile und Bewertungen. Jeder Mensch hat seine Geschichte, welche erfüllt ist von Erfahrungen, Prägungen, Meinungen, Glaubenssätzen und Vermutungen, genau wie Deine bisherige Lebensgeschichte. Wenn Menschen sich unsicher, machtlos und hilflos fühlen, Zweifel haben und ihre Angst übermächtig wird, beginnen sie oft, einen Schuldigen im Außen zu suchen. Da sie diese Gefühle nicht aushalten oder mit ihnen umgehen können, versuchen sie, diese von sich weg zu drängen und projizieren sie auf etwas oder jemand anderen. Oft ist es einfach leichter, mit Schmerz, Wut und Schuld umzugehen, wenn ich jemanden da draußen, außerhalb von mir, habe, dem ich die Schuld geben kann. Viele Richter würden arbeitslos werden, wenn die Menschen ehrlich zu sich wären und sich eingestehen würden, dass sie mit den in ihnen ausgelösten Emotionen nicht umgehen können. Unsere Gesellschaft ist nicht darauf ausgelegt, uns auf die Aspekte unseres Innenlebens vorzubereiten. Ganz im Gegenteil: Wir werden dazu angehalten, logisch und strukturiert zu denken und vergessen dabei völlig, dass unser Herz einer anderen, scheinbaren »unlogischen« Struktur folgt. Wieso verliebe ich mich ausgerechnet in diese oder jene Person? Wieso verlieben wir uns überhaupt – und was ist Liebe?

Diese Frage kann der Verstand allein nicht beantworten. Er kann mutmaßen, analysieren, erklären usw., doch fühlen kann er nicht. Gefühle *sind*, und Dein Herz weiß darum. Warum und weshalb Du fühlst, wie Du fühlst, liegt oft woanders begründet, als wir meinen, sehen zu können. Die ganze Welt ist darauf ausgerichtet, uns von uns selbst abzulenken: durch entsprechendes Handeln, Sprechen, Denken und Fühlen. All das bringt uns ins Tun und somit vom Sein ab. Liebe *ist*, Du kannst sie nicht im Tun erfahren, sondern nur im Sein. Tun ist nach außen gerichtet, und damit versuchst Du, etwas auszudrücken, was in Dir ist. Bestimmt hast Du schon mal erlebt, dass Du jemanden oder etwas so sehr geliebt hast, dass weder Worte noch Taten ausdrücken oder zeigen konnten, wie es in Dir aussah.

Ich hatte bei der Bank gekündigt und damit meine sichere Position aufgegeben, um endlich frei zu sein und Zeit für mich zu haben. Ich fühlte mich eingeengt in dem starren Ablauf, und mir wurde schnell klar, dass das nicht meine Endstation war. Ich hatte mich für Schauspiel und Musical interessiert, wollte meditieren und mich meiner Seelenfindung widmen. Mein Ziel war es, einfach zu *sein*. Nachdem ich mir duch die Kündigung die dafür notwendigen Voraussetzungen geschaffen hatte, konnte ich trotz meines ursprünglichen Planes keine Minute mehr ruhig sitzen, meditieren und mich im Sein erfahren. Ich kam unter Druck und versuchte, mir durch sehr viel Aktivität Entspannung, Ruhe, Frieden, Freiheit, Reichtum, Glück und Liebe zu erschaffen. Mir wurde klar, dass vieles in mir meinen Wünschen im Wege stand, und daher richtete ich meinen ganzen Fokus auf das Auflösen und in mir Heilwerden. Im Laufe der Jahre entwickelte sich dieses »Ich muss da ankommen« zum Selbstläufer, sodass ich oft gar nicht mitbekommen hatte, dass ich bereits vieles von meinen Wümschen erreicht hatte. Ich befand mich im permanenten Erleben, etwas *nicht* zu haben, anstatt mir vor Augen zu führen, was ich bereits hatte. Das ging so weit, dass ich mir gleich nach den ersten Erfolgen ein weiteres und höheres Ziel setzte, ohne das zu fühlen und zu genießen, was ich bis dato geschafft hatte.

»Wenn ich das noch habe, dann ist es perfekt.« Dieses Spiel ging einige Jahre – mit dem Ergebnis, dass ich weiterhin am Rennen und Kämpfen war. Natürlich gab es Glücksmomente, doch die hielten nicht lange an, da ich unmittelbar nach dem Erreichen schon ein neues Ziel vor Augen hatte. Mir wurde klar, dass ich alles, was ich mir von Herzen wünschte und wonach ich mich sehnte, auf die Dauer definitiv nicht durch ein permanentes Machen im Außen erreichen würde. Versuch mal Liebe zu »machen«, nicht Sex, sondern Liebe. Und? Klappt es? Liebe *ist,* sie ist ein Seinszustand. Genauso wie alles andere, was wir uns von Herzen wünschen. Glücklich zu sein, freudig zu sein, reich zu sein usw. In erster Linie sind es alles Seinszustände, die aus uns heraus entstehen und im Inneren fühlbar sind.

Viele Menschen denken, wenn sie erst einmal viel Geld haben, kämen Glück, Frieden, Gelassenheit von allein dazu. Irrtum! Geld ist Energie, sie kann Dich darin unterstützen, Deine Potenziale auszuleben. Doch was diese sind und wo sie liegen, kannst nur Du allein herausfinden. Das Wissen um meine Fähigkeiten, Potenziale und den inneren Reichtum gibt mir die Gewissheit, mit allen Situationen im Leben umgehen zu können. Auch wenn ich vielleicht manchmal nicht ad hoc weiß, wie. Geld kann die eigene Bewusstwerdung nicht ersetzen. Es steht für Möglichkeiten, Dein Innerstes in Materie auszudrücken, im Außen widerzuspiegeln und Dich daran zu erfreuen. Jeder Mensch hat die Sehnsucht nach Geborgenheit, Sicherheit und einen Platz im Leben. Doch wenn Du Dich innerlich leer, ausgebrannt und minderwertig fühlst, wirst Du Dir mittels Geld nur scheinbare Fülle und Selbstwert erschaffen. Außerdem habe ich noch nicht gehört, dass Menschen mit viel Geld auch die ewige Jugend oder Schönheit gepachtet haben (sie können im Zweifelsfall chirurgisch nachhelfen lassen) oder dass sie gar unsterblich sind.

Alles im Außen ist nur scheinbares Glück, Sicherheit, Jugend, Liebe usw. Die Wirklichkeit wird in Dir geboren. Du gibst den Dingen und Situationen Bedeutung. Ohne Dich ist ein Diamant nur ein Stein, erst das Funkeln in den Augen und die Freude über diesen Ring oder diese Ohrringe eröffnet anderen die Schönheit für diesen Edelstein. Energie zu haben, ist wichtig, sei es in Form von Geld oder anderen »Werten«, doch werde Dir bewusst, dass Du der Ursprung von Energie bist. Jede Zelle Deines Körpers produziert Energie, die Du abstrahlst.

Ich liebe es, außergewöhnliche Sachen zu kaufen, vor allem Schuhe, die ich mir gerne, sobald ich in einer neuen Stadt bin, gönne. Doch ich kaufe sie mir nicht, damit ich mich danach besser fühle, sondern weil ich mich bereits innerlich in einem erregten Zustand befinde. Die neue Stadt, andere Menschen, Gewohnheiten und Energien. Es ist ein Cocktail aus all diesen Gegebenheiten, die mein inneres Kind in Neugierde versetzen. Als Erwachsener bringe ich mit dem Schuhkauf genau das zum Ausdruck. Jedes Mal, wenn ich dann die Schuhe in den Händen halte, reise ich gedanklich zurück an jenen Ort, und der Energiecocktail aus Freude, Neugier und Aufregung wird wieder ganz präsent in mir. Doch sind es immer solche Gründe, aus denen wir gerne konsumieren? Nein. Der Großteil der Menschen ist sich seiner wirklichen Bedürfnisse, die hinter dem Glamour liegen, nicht gewahr. Wenn ich mich minderwertig fühle, versuche ich dieses durch hochwertiges Outfit, Haus, Auto, Schmuck zu kompensieren. Dann ist schnell der Punkt erreicht, dass es immer noch nicht reicht, dass es immer noch nicht genug ist. Noch schicker soll es sein, noch größer, noch schneller, noch opulenter. Wir suchen den Kick, den Adrenalin- rausch, das Abenteuer, etwas, das uns hilft, uns zu spüren. Das und Gefühle von Mangel und Minderwertigkeit sind die häufigsten Antreiber, immer mehr haben zu wollen und zu müssen. Für viele Menschen kann es zur regelrechten Sucht werden, immer up to date zu sein. Ganz nach dem Motto: »Schau her! Das bin ich! Das kann ich! Schau mich an! Ich bin wer!«

Doch wer soll Dich wirklich sehen? Wem möchtest Du zeigen, dass es Dich gibt? Vieles ist durchdrungen von einer Art Druck, Gehetztsein oder von Erwartungsansprüchen. Was macht Dir Druck? Wer hetzt Dich und wessen Erwar- tungen sollen erfüllt werden? Sind es wirklich Deine Erwar- tungen oder gehören sie zu jemand anderem?

Ein Kleidungsstück wird Dir ein kurzes Vergnügen be- reiten, doch berührt es Deine Seele? Wenn ich glücklich bin, mich als schön empfinde und aus diesem Gefühl heraus handle, dann relativiert sich vieles. Dann ziehe ich Men- schen und Situationen wie von selbst an, die mein innerstes

Gefühl widerspiegeln. Gehe ich mit einem glücklichen Lächeln im Gesicht durch die Stadt, begegne ich nur freundlichen Menschen, die mich einfach anlächeln, ohne dass ich etwas dafür tun muss. Zusätzlich schont das unbewusst meinen Geldbeutel, da ich keinen Mangel verspüre, den ich durch eine Kaufaktion kompensieren müsste. Bestimmt hast Du so was schon erlebt: Du gehst mit hungrigem Magen in den Supermarkt und wunderst Dich später, was Du alles eingekauft hast, obwohl Du eigentlich nur schnell Milch und Käse holen wolltest.

Wir Menschen sind angewiesen auf Zuneigung und daraus entstehender Anerkennung. Doch niemand kann sie Dir so geben, wie Du selbst. Nur Du allein weißt, was und wie Du es brauchst. Daher höre auf zu warten, dass Dich ein Anderer sieht und/oder entdeckt. Stehe auf und schau Dich an, zeige Dich, mach Dich sichtbar für andere, und Du wirst eine Beantwortung dessen erhalten.

Wir alle befinden uns in einem großen Umwälzungsprozess. Die Strukturen von Kämpfen und Siegen brechen jetzt auf, die alten Energiemuster haben sich gewandelt, und die Erde erhebt sich ins freie Bewusstsein. Gaia hat eine Entscheidung getroffen, und diese ist dabei, sich zu erfüllen. Alles, was Ihr nicht dienlich ist, wird sich wandeln müssen und/oder von allein verschwinden. Dort, wo am meisten Chaos herrscht, findet die größte Umwälzung, Reinigung und Erneuerung statt. Das kannst Du auch sinnbildlich für Dein Leben nehmen. Dort, wo es am meisten rappelt, rüttelt und wo Chaos sich breit macht, findet die größte Klärung statt. Es mag nicht immer angenehm sein, und bestimmt würdest Du es Dir manchmal anders wünschen. Ich kann Dich nur darin bestärken: Nimm es an, höre auf, festzuhalten und um etwas zu kämpfen, was zu gehen hat. Auch wenn Du es vom Verstand her nicht begreifen kannst und es scheinbar keinen Sinn für Dich macht. Vertraue! Gott und Deine Seele haben Großes mit Dir vor.

## Das EGO – der Feind

Heutzutage geht es nicht nur darum, Dein Herz zu öffnen und Heilung zu erfahren. Es geht um uns als *ganze* Wesen und um die Menschheit, dazu gehören unser Verstand, unsere Seele und unser Körper. Es stehen eine Wandlung bevor und neue, vergessene Freundschaften, die wieder aufleben werden. Doch wie wird aus einem langjährigen Feind ein guter und treuer Freund? Diese Frage stellen sich vielleicht viele Menschen ganz besonders dann, wenn es sich um den angeblichen Feind, das Ego, handelt. Unser Ego schneidet schon lange in vielen Bereichen sehr schlecht ab. Ich selbst bin spirituell mit »Horrorstories« über dieses »böse Ding«, das uns nur ausbremsen, unglücklich machen und zerstören will, aufgewachsen. Doch ist dem wirklich so?

2006 machte ich für mich eine erstaunliche Entdeckung. Ich war schon seit Jahren auf dem Weg, mich und mein Sein mehr und mehr zu ergründen, zu mir selbst und meinem eigenen Ausdruck von Göttlichkeit zu finden und diesen auch in mein Leben, in die Materie zu bringen. Ganz gleich, wie es kam, jedenfalls befand ich mich am Ende meiner Kraft und meines Wissens. Nichts funktionierte mehr, keine therapeutischen Methoden und keine geistigen Gesetze schienen zu wirken, jedenfalls nicht so, wie ich es mir vorgestellt hatte. Und da war mein Dilemma! Mehr noch, es ging um Leben oder Tod, was mir aber zu diesem Zeitpunkt noch nicht so klar war. Mein großes Thema war das liebe Geld.

Im Jahr zuvor hatte ich meine Praxis eröffnet und mir damit einen lang ersehnten Traum verwirklicht. Und das, obwohl fast mein ganzes soziales Umfeld weder an mich, noch an meine Visionen geglaubt hatte. Nach nur sieben Monaten schien der Traum fast zum Albtraum zu werden, und das Wasser stand mir bis zum Hals. Ich mühte mich ab und krebste unter dem Existenzlimit herum. Dann kam der Tag X für mich. In meiner Peergruppe, wir waren sechs Personen und alle in beratenden Berufen tätig, arbeitete ich mich wieder einmal an der Geld-Thematik ab. Im Laufe meines Lebens hatte ich durch den spirituellen Weg und die Systemische Arbeit intensiv an der Thematik *Erfolg, Reichtum und Fülle* geforscht und gearbeitet. Jedes Mal drang ich in tiefere Schichten meines Bewusstseins ein und erkannte die größeren Zusammenhänge für mein Leben. Mein Ziel war, immer heil zu werden und ein Leben voller Freude und Liebe zu führen. Heute noch erfahre ich weiterhin Heilung und versuche jeden Tag, vieles davon der Welt zur Verfügung zu stellen. Dennoch gibt es Tage, an denen ich das Gefühl habe, mich eher tausend Schritte von mir selbst entfernt zu haben und alles andere als in meiner Mitte zu sein.

Das Leben ist eine Reise, und ich kann den Kurs bestimmen. Wenn es mir gelingt, überlasse ich mich gerne dem Leben, meiner Seele und Gott, denn sie haben den genaueren Überblick. Das Thema Geld hatte für mich eine unmittelbare Verknüpfung mit der physischen Ebene der dichten Materie. Gleichzeitig war es mein Motor, immer weiter voranzuschreiten und unbewusste Mechanismen aufzudecken und zu klären. Es gab Zeiten, da hätte ich toben können vor Begeisterung, dass mir wieder eine neue Herausforderung geschenkt wurde. Meine Seele meinte einst zu mir, dass Geldmangel das beste Mittel sei, mich dazu bewegen zu können, den Dingen wirklich auf den Grund zu gehen und wahrhaftige Erlösung zu erfahren. Diese Aussage machte für mich sehr viel Sinn und war ziemlich tröstlich. Und dennoch hätte ich es mir oftmals anders gewünscht. Es dauerte einige Zeit, bis ich die noch als schwer und anstrengend empfundene Welt der Materie annehmen und mich ihr hingeben konnte. Nur ohne diese Annahme hätte ich die Gaben nicht in ihrer Gänze entfalten können, die bereits in mir angelegt waren.

Mein energetischer Ursprung ist komplett anderer Natur als unsere dreidimensionale Welt, und die Erinnerungen daran sind in mir sehr lebendig. Dies hatte sich in meinem Leben und meinen Beziehungen oft als eher hinderlich dargestellt, da ich die Welt nicht so hinnehmen wollte, wie sie nun einmal war. Ich versuchte alles mir Mögliche, um diesen Zustand zu ändern. Dem größten Irrglauben folgte ich, als ich im Jahr 2003 den 21-Tage-Prozess nach Jasmuheen vollzog, ein Lichtnahrungsprozess der australischen Autorin Ellen Greve. Endlich nicht mehr essen zu müssen, so dachte ich, der Welt ein Schnäppchen zu schlagen. Wie töricht!, könntest Du nun denken, da mein Körper aus Materie besteht (natürlich nur scheinbar, da in Wahrheit alles reine Schwingung ist), sonst könnte ich gar nicht hier sein. Doch ich wollte unbedingt beweisen, dass der Geist die Materie beherrscht und damit das Allerwichtigste ist.

»Ich bin ein wandelnder Geist, frei von irdischen Belangen und erhaben über die Materie.« Diesen Versuch kannst Du Dir so vorstellen: In der ersten Woche hatte ich weder gegessen noch getrunken, sondern nur mit dem Lutschen von Eiswürfeln durchgehalten, deren Flüssigkeit ich anschließend sogar wieder komplett ausspuckte. In der zweiten Woche saß ich auf meinem Sofa, gebannt auf den CD-

Player schauend und versuchte, diesen per Gedankenkraft einzuschalten, da ich gelesen hatte, dass dieser Prozess diese Art von Fähigkeiten freisetzen kann. Ich kann es bis heute nicht.

In den 21 Tagen hatte ich tiefe Erkenntnisse und viele spirituelle Begegnungen. Jedenfalls erkannte ich die Wichtigkeit der Nahrung, des Essens und was meine Erfahrungsaufgabe darin war. So beschloss ich nach dem erfolgreichen Prozess, mich wieder der materiellen Nahrung hinzugeben. Eine inspirierende Wegbegleiterin sagte einmal zu mir: »Manchmal müssen wir komplett zu etwas Nein sagen, damit dann vielleicht wieder ein Ja kommen kann.«

Doch nun stand ich da und hatte scheinbar verloren: Ich hatte kein Geld, keine Klienten und zudem keine Ahnung, wie es weitergehen sollte. *Rien ne va plus*, nichts geht mehr!

Ich war am Ende. Ich zweifelte an allem, an Gott, der Göttlichen Führung, den Engeln, den Höheren Lichtkommandos und am meisten an mir selbst. Ich fühlte mich verraten und verkauft, einfach von allen und allem im Stich gelassen! Ich hatte eine enorme Wut auf alles, was nur annähernd als göttlich daherkommen wollte. Und dann geschah es. An diesem Tag in unserer Peergruppe meldete sich der Erzfeind jeglichen spirituellen Weges: DAS EGO.

Es stellte sich heraus, dass ES alles in der Hand hatte, alles unter Kontrolle. Mein Ego war die Schiebetür, die entschied, wie viel von 0der Göttlichen Fülle zu mir kommen darf oder nicht. Damals war es jeweils nur ein kleiner Tropfen! »Scheiße, blöder Arsch«, dachte ich und saß ganz leer und hilflos auf der Couch, während ich mir das Schauspiel in Form einer systemischen Aufstellungsarbeit betrachtete. Das Ego hatte mit allem recht, und mein Double sprach die

Worte, die in meinem tiefen Inneren schlummerten. »Ich hasse die Materie, finde sie nur eklig, dreckig, schleimig und lehne sie absolut ab!«

So hatte ich es noch nie betrachtet und erkannte voller Betroffenheit die Wahrheit dieser Worte. Vollkommen fassungslos und absolut machtlos blickte ich in den Raum. »Wie, um Himmels Willen, kann ich etwas daran ändern?«

Ich war mit meinem Latein am Ende. Dabei hatte ich die Monate zuvor so intensiv an der Thematik *Mutter Erde annehmen, mich erden* gearbeitet und jetzt diese erschütternde Wahrheit.

Tausende von Gedanken schossen mir durch den Kopf. Was blieb, war nur: »So ein Mist! Und ich dachte, ich wäre bereits an einem anderen Punkt! Was soll ich bitte noch alles tun und wie?« Ich schrie innerlich. Ich hatte keine Ahnung, wie man es machte, Materie zu lieben, ich hatte keinen blassen Schimmer, wie ausgerechnet *ich* das bewerkstelligen könnte. Mir gingen nur Gedanken vom Versagen durch den Kopf. Ich fühlte mich ausgelaugt, ideenlos und starrte mit leerem Blick auf das Trauerspiel. Es war an der Zeit, eine Entscheidung zu treffen. Möchte ich hier bleiben und einen Weg finden, oder will ich zurück in meine Sternenheimat kehren, wo alles viel lichter und einfacher ist?

Die Leere wurde größer in meinem Inneren, und mein Leben fühlte sich grau und fad an. Was kann und was werde ich tun? Ich glaube, meine Kollegen hatten nicht wirklich begriffen, wo ich mich befand und um was es für mich ging, nur meine liebe, treue Freundin Sabine. An diesem Tag ging es um meine ganze Existenz, meine Seelenbestimmung. Innerlich weinte ich bitterlich, und jegliches Gefühl, jeglicher Bezug zum Leben schien mit jeder Träne zu schwinden und hinterließ tiefe Furchen in meinem Herzen. Ich schwebte perspektivlos durch Raum und Zeit. Es fühlte sich wie Blei an, nichts schien mich zu erreichen, außer Sabines Worte, die mich die nachfolgenden Tage begleiteten und schließlich retteten.

»Schau, wenn alle Lichtarbeiter die Erde verlassen würden, weil alles hier so schwer und dicht ist, was würde dann aus dieser Welt werden? Überlege bitte gut, wir alle sind miteinander verbunden und ein Teil des großen Ganzen. Ganz gleich, wie du dich entscheidest, denke bitte daran.«

Doch ich war leer, ausgebrannt und wollte einfach nur weg von all dem hier, raus in meine lichteren Sphären, um dort Planeten und andere Welten zu erschaffen. Denn das bedeutete für mich damals, tatsächlich eine spirituelle Erfahrung zu machen. Auf der Heimfahrt erkannte ich, wie tief ich dies alles hier verurteilte, es sogar hasste und als vollkommen primitiv ansah. »Aber ich bin doch ein Wesen des Lichts, einer lichtvolleren Dimension. Sind das wirklich die Gedanken eines lichtvollen Wesens? Oder sind das Verwirrungen und tiefe Wunden, die jetzt zu Tage kommen?«

Ich wusste es nicht und wollte einfach nur, dass es aufhört und ich mich all dem entziehen kann. »Tschüss, Adieu und Lebwohl, ihr Dämonen, ihr Geister, ihr Menschen dieser Welt. Macht doch euren Scheiß alleine und seht zu, wie ihr zurechtkommt. Ich habe jedenfalls die Schnauze voll von euch, eurer Trägheit und Unverbindlichkeit, diesem Drang, sich immer fortwährend eine Hintertür offen zu halten und nicht wirklich eine Entscheidung zu treffen und die damit verbundene Verantwortung übernehmen zu wollen. Bloß nicht festlegen, könnte sich ja was Besseres ergeben. Darauf kannste lange warten, Sweetheart, das Leben ist ein Schöpfungsprozess und keine Warteschleife.« Ich hatte dieses Leben hier so satt und alles, was damit verbunden war.

Während der Heimfahrt ließ ich meine Gedanken schwei-
fen, und mir wurde immer deutlicher, wie wahr das Ergebnis dieser Arbeit war. Ich fühlte mich wie paralysiert von
diesem tiefen Erkennen. Vielleicht hatte Buddha sich in einem ähnlichen Zustand unter dem Bodhibaum befunden,
als er erwachte und in die wahre Wirklichkeit von Gott ein-
tauchte. So war ich auch voll und ganz in meine Wirklichkeit abgetaucht und begegnete mir und meiner Wahrheit
darin. Da war einfach nur Stille, und alles um mich herum
wirkte wie ein Film oder ein Bild, das ich nur beobachtete.
Das Einzige in meinem Inneren, was sich zu bewegen
schien, war diese erkannte Wahrheit meiner innersten Überzeugung, meines innersten Glaubens.

Die Zeit im Auto verging. Zu Hause angekommen, erschien mir weiterhin alles so sinnlos wie zuvor. Also entschied ich, einen vollkommen anderen Weg zu gehen. Was
hatte ich schon zu verlieren?

Ich hatte mich die ganze Zeit dagegen gesträubt, zuzulassen und anzuerkennen, dass auch ich ein Ego habe. Ich
hatte mich dafür geschämt und mich selbst verurteilt, da es
ja etwas furchtbar Schlechtes war, wie mir auf meinem Weg
von vielen Personen dargestellt und proklamiert wurde. Sei
es zu Hause, in der Schule, der Kirche oder Seminaren. Ich
habe es nie in Zweifel gezogen oder nach dem Warum gefragt. Doch nun fragte ich mich selbst und traf eine Entscheidung.

Als Systemiker ist mir bewusst, dass *mit dem Widerstand
gehen* einen größeren und langfristigeren Erfolg bereitet als
umgekehrt. Und mit dieser Ansicht war ich nicht allein. Wie
das so manchmal ist: Vor lauter Bäumen doch kein Wald in
Sicht. Widerstand hin oder her, in dieser Situation war mir
das vollkommen schnurz, ich wollte einfach einen Ausweg

finden, eine Möglichkeit, anders zu leben. In meiner Entwicklung hatte ich schon viele Methoden ausprobiert: das
Vermeiden, das Leugnen, das So-tun-als-ob das Ego nicht
Teil meines Systems wäre usw. Ich durfte erfahren, dass das,
was ich am meisten ablehnte und am meisten verurteilte,
ich selbst wurde und dass es zur stärksten Manifestation in
meinem Leben wurde. Gott weiß, ich habe es redlich und
mit aller List und Willenskraft versucht, dieses Ungeheuer
auszumerzen und unschädlich zu machen, aber ich versagte
jedes Mal auf der ganzen Linie. Das Rindvieh Ego war immer noch da.

An diesem Samstag entschied ich zum ersten Mal, mich dem
Ego tatsächlich und wirklich ganz hinzugeben und es einfach darauf ankommen zu lassen. Wovor hatte ich eigentlich
die ganze Zeit Angst?

Prompt dämmerte es mir: Es war die gleiche Angst wie
bei all den anderen scheinbaren Widerständen in meinem
Leben. Ich hatte Angst, dass nur noch das Ego bleibt und ich
mich darin verlieren würde. Ja, mich ganz und gar zu verlieren, nie mehr wieder einen Ausweg aus diesem Teufels-
kreislauf zu finden und dabei unterzugehen. Was für ein
Wahnsinn! Mir schlotterten die Knie, aber ich war an einem
Punkt, an dem ich nichts mehr zu verlieren hatte. Es war wie
bei Monopoly: »Begib dich direkt dorthin und geh nicht
über Los!« Und das tat ich auch. Ich ging bewusst in die Verbindung mit meinem Ego und begab mich direkt dorthin,
ohne über Los zu gehen, und nochmals für 2 000 Euro Mut
und Vertrauen zu tanken. Es war ein toller Abend, und am
nächsten Tag ging die Reise weiter. Ich entschied, noch tiefer und stärker in diesen Teil von mir einzutauchen. Zuvor
erstellte ich als Sicherung mein Vereintes Chakra, denn so

ganz ohne Netz und doppelten Boden wollte ich mich doch nicht erneut diesem Abenteuer hingeben. Mein Herz pochte, und eine Stimme in mir meldete sich, die aufs heillose Verlorensein in den Mustern und Überlebensstrategien des Egos keine Lust hatte. Vor allem, weil ich die Jahre zuvor sehr intensiv an meinem Wachstum gearbeitet hatte. Eigentlich komisch, dabei hatte ich doch das Gefühl, nichts zu verlieren. Trotzdem hatte etwas anscheinend andere Pläne mit mir. Egal, ich folgte diesem Impuls, trotz der Furcht, mich wirklich zu verlieren. Ich, mein Herz und das Ego, eine gute Mischung. Die Zahl drei ist für mich eine sehr richtungweisende, heilige Zahl und war eine Sicherung für dieses Experiment. Auf der anderen Seite hatte ich einfach Schiss, ohne Herz nicht mein Ziel zu erreichen: dem Ego wirklich und wahrhaftig zu begegnen.

Die Phase Eins hatte somit begonnen. Ich stieg ein, gab mich hin und lebte mich in den Mustern meines Egos aus, welches zum Großteil aus Bewertungen und Beurteilungen bestand. Was für ein Fest, alles schien so primitiv, es war köstlich! Ich fuhr mit dem Auto zu einem Straßenfest und ergoss mich in meinem vermeintlichen Ego-Sein. Primitiv, das war mein Lieblingswort. Wie primitiv, Auto zu fahren, Kleidung zu tragen und in solchen Häusern zu wohnen (in der 5. Dimension wird eines Tages natürlich alles anders und viel besser sein ...) Wie primitiv doch alles und jeder war. Und was machte ich hier eigentlich, war ich wirklich anders als die anderen?! Ich fuhr Auto, trug Kleidung und besuchte ein Straßenfest, um mich dem »Primitiven« hinzugeben. Wo lag der Unterschied zu den anderen Menschen?

Doch diese Gedanken konnte ich wunderbar ignorieren und mich weiterhin meiner Überheblichkeit widmen. Ich zwang mich, offen zu lästern, und versuchte, alles und jeden

zu beurteilen. Ich tauchte ganz bewusst in mein vermeint-
liches Ego ein, das aus Furcht vor Ablehnung alles und jeden verurteilen und ablehnen musste, und ich fühlte mich
großartig. Weder schlechtes Gewissen noch Schuldgefühle
oder Ähnliches tummelten sich in meinem Kopf. Es war einer der besten Abende, die ich bis dato hatte. All die Jahre
hatte ich versucht, anders als der Rest zu sein und den Menschen zu beweisen, wie sehr im Irrtum sie sich doch alle
befanden und dass es Zeit war, sich zu verändern und ein
bewusster Mensch zu werden. Vor lauter Die-Welt-ändern-
wollen hatte ich versäumt zu begreifen, dass wahrhaftige
Veränderungen nur im Zustand der Gleich-Wertigkeit und
Gleich-Gültigkeit vollzogen werden können. Und dieser Zustand ist wahre Begegnung und wirkliche Annahme dessen,
was *ist*. Erst dann kann sich Veraltetes lösen und verändern,
da Liebe fließt.

Während ich die Leute beobachtete und dabei versuchte,
anmaßend und arrogant zu urteilen, was mir nicht sehr
schwer fiel, wurde mir immer deutlicher bewusst, dass ich
keinen Deut besser als irgendein dahergelaufener Großkotz
war. Alles, was ich verurteilte in dieser Welt der dichten Materie, war ich selbst. Ich blickte an mir hinunter. Mein Körper unterschied sich in keiner Weise in der Essenz von den
anderen. »Ich bin wie ihr«, dachte ich. Was für eine Erkenntnis!, wirst Du vielleicht denken, aber für mich war es ein Erkennen aus der Tiefe meines Herzens.

Zum ersten Mal in meinem Leben konnte ich es richtig
fühlen: Wir sind alle gleich, auch wenn das Äußere sich jeweils anders darstellt. Wir alle sind Menschen, und das ist
es, was uns auf jeden Fall verbindet.

Wirkliche Nähe und Verbundenheit machte sich in mir
breit. Ich war auf gleicher Stufe, Aug in Aug, und es fühlte

sich so gut an. Ich erkannte, dass alles von Gott ist und es keinen Unterschied macht, aus welcher Dimension, von welchem Stern der Eine oder Andere kommt. In der Essenz gibt es nur Gott. Ich fühlte mich, als ob eine riesige Last von meinen Schultern herunterglitt, ich endlich frei atmen und mich ganz aufrichten konnte. Das war der Beginn einer spannenden Reise mit dem Ziel Freundschaft, das an diesem Tag für mich noch nicht ersichtlich war. Unser Ego bemüht sich tatkräftig, uns am Leben zu erhalten und uns schützend zur Seite zu stehen, Koste es, was es wolle. Und so wurde aus ehemaliger Feindschaft Freundschaft.

Liebevoll erkenne ich heute sein Bestreben an, und für mich ist EGO einfach eine Abkürzung für: Emotional Giant Operator.

## Das Ego – mein Freund

Der Prozess vom Feind zum Freund verlief bei mir in mehreren Phasen. Mit meiner Geschichte möchte ich Dich dazu motivieren und Dir Mut machen, Dich auf den Weg zu begeben, selbst zu forschen und auszuprobieren. Es ist immer leicht, das »Böse«, den »Terrorist« usw. im Außen zu suchen, um somit einen Schuldigen zu haben. Wie kannst du Frieden schaffen, wenn Dein eigener Terrorist, das »Dunkle«, der Kritiker usw. in Dir keinen Platz haben und Du im Kampf mit ihnen bist? Wahrer Frieden geschieht zuerst in uns, indem wir alles, was sich in uns zeigt, liebevoll umarmen und annehmen können. Veränderung kann nur geschehen, wenn sich alle Beteiligten angenommen fühlen. Erst dann werden Menschen bereit sein, Gewohntes zu verlassen, um sich auf etwas völlig Neues einlassen zu können. Daher beginne jetzt in Dir und werde zum Ankerpunkt von

Gleich-Wertigkeit, auf dass die Grenzen sich auflösen dürfen und scheinbar Gegensätzliches ein Gemeinsames findet.
Das Leben besteht nicht nur aus Schwarz und Weiß, es gibt
so vieles dazwischen. Werde der Dritte im Bunde und aktiviere somit Dein persönliches Christusfeld. Das Leben hat
Herausforderungen und ist nicht immer leicht, doch Du
hast die Weisheit in Dir, diese mit Freude zu meistern. Gott
hat Dich bereits erkannt und Du bist ein Stück seines Herzens. Sie liebt Dich grenzenlos.

Ein weiterer Schritt erfolgte, als ich in der Lage war anzunehmen, dass mein Ego und ich das gleiche Ziel hatten, aber
verschiedene Werkzeuge, mit denen wir dieses Ziel zu erreichen versuchten. Voller Betroffenheit erkannte ich, dass
wir beide das Bedürfnis und Streben nach Liebe hatten. Mit
aller Macht versuchten wir, dies zu erreichen und die Sehnsucht zu stillen. Dabei hatte ich ihm die ganzen Jahre zuvor
oft Vorhaltungen gemacht, bildlich gesprochen: »Nimm eine
Kneifzange, ist das denn so schwer zu begreifen!« Nur dass
das Ego es nicht verstehen konnte, da es nur einen Schrau-
benzieher besaß und noch nie in seinem Leben von einer
Kneifzange gehört, geschweige denn eine gesehen und in
den Händen gehalten hatte. Ich war so blind, töricht und
gnadenlos gewesen, dem Ego und letztendlich mir selbst
gegenüber. Ich machte es ((das Ego??)) fertig, lehnte es ab
und gab ihm, meinen Eltern, meiner Umwelt und der Gesellschaft die Schuld für mein Unglücklichsein.

Als Systemiker hätte ich an dieser Stelle den Klienten gefragt, was er getan und/oder unterlassen hatte, dass die
Dinge sich so ereigneten. In Konfliktsituationen gilt immer
die 50/50-Regelung, denn jede der Parteien hat einen gleichen Anteil am Geschehen. Nur welcher mein Anteil war,

das war mir bis dato nicht klar. Entweder das Ego oder meine Umwelt waren schuld. Mein Leben hatte damals eine enorme Einfachheit. Solange ich mir der wirkenden Mechanismen nicht bewusst war und auch keine Ahnung von geistigen Gesetzen hatte, konnte ich die Verantwortung teilweise oder ganz abgeben.

Manchmal erwische ich mich heute noch im Nachsinnen und Zurückwünschen dieser Zeiten, doch wenn wir einen Schritt in Richtung Gott und uns selbst gehen, können wir nicht wieder zurück. Mein Leben hatte sich mit dem Wissen darum grundsätzlich geändert, und ich bin glücklich darüber. Zu wissen, dass ich es in der Hand habe, wie und was sich in meinem Leben ereignen kann, bedeutet für mich Freiheit.

Zum ersten Mal nahm ich die Not und Hilflosigkeit meines Egos wahr. Wie ein Kind, das so gern zum Gelingen beitragen möchte, aber momentan nur das hat, was es hat und gar nicht verstehen kann, was es denn falsch macht. Ja! Hilflos, ausgeliefert und unverstanden, so hatte ich mich auch sehr oft als Kind gefühlt. Ich hatte den Eindruck, dass niemand für mich da war, der meine Nöte und Sorgen verstand. Was es bedeutete, verbogen und für andere passend gemacht zu werden, das hatte ich zu Genüge in meiner Kindheit erfahren. Ich lernte sehr schnell, was ich tun und lassen durfte, damit sich das Außen, die Anderen wohl und glücklich fühlten. Doch wo waren mein Wohlsein und mein Glücklichsein?

Ich selbst erlebte es bei mir, und es begegnet mir immer wieder in meiner Arbeit, dass Menschen sich nicht wirklich spüren können und keinen Zugang zu ihren eigenen Wünschen und dem, was ihnen gut tut, haben. Heilung im Herzen ist der Schritt wieder zurück zu uns. Zu wissen und zu spüren, was ich wirklich brauche und wie ich mir das erfüllen kann. Das ist ein Prozess! Wie eine Spirale, die nach oben hin weit geöffnet ist, bewege ich mich manchmal mehr, manchmal weniger fließend in Richtung Gott. Ich bin Gott und gleichzeitig bin ich auf dem Weg zu Gott. Das ist der Sinn unserer Existenz, auch wenn Gott für jeden etwas anderes ist.

Die westliche Zivilisation hat ihre alten Riten und Bräuche größtenteils verloren, mit denen sie die Jungen und Mädchen auf das Erwachsensein vorbereiteten. Vielen Menschen mangelt es an Reflektionsfähigkeit und dem Bewusstsein, über den Tellerrand zu schauen. Wir fahren auf Sparflamme, emotional und geistig, und sind doch davon überzeugt, eine fortschrittliche Spezies zu sein. Dank neuester Forschungen wird uns Menschen bewusst, dass wir fast gar nichts wissen und davon ganz viel. Die natürliche Gabe unserer Intuition und Verbundenheit mit der Natur und deren Magie haben wir uns abtrainieren lassen. Auch unter regem Interesse und der Förderung von einigen Systemen, die dies bewusst initiiert haben, um eine scheinbare Kontrolle zu behalten. Doch diese Systeme kommen nun an ihre Grenzen und kreieren sich ihren Zusammenbruch selbst. Es gilt, als Menschheit aufzuwachen und sich der Gaben bewusst zu werden und damit zu beginnen, diese zu entfalten. Je mehr Du Deinen Geist und Deine Emotionen klärst, desto freier kannst Du im Ausdruck sein. Die Annahme, dass Gott irgendwo dort und nur für ganz wenige erreichbar ist oder Du Ihrer nicht würdig bist, ist ein großer Irrtum. Diese Gedanken schaffen Trennung und auch eine Illusion der Angst, da Gott zu etwas Ungreifbarem und somit auch Willkürlichem gemacht wird.

Trennung schafft immer Angst, und daraus entsteht meistens ein Mangel. Diese Kombination hat die Kontrolle über die Menschen enorm erleichtert, die Positionen von einigen Wenigen gestärkt und deren Macht gefestigt.

Bedenke, Du hast Dich für eine Erfahrung in der größtmöglichen Trennung von Dir als spirituelles Wesen und von Gott bewusst und freiwillig entschieden. Daher gibt es keine wirklichen Opfer und Täter. Deine Seele ist unzerstörbar und frei von Verletzungen. Das Einzige, was Zerstörung erleben kann, sind Glaubenssätze, Gedankenstrukturen und geistige Modelle, die Menschen scheinbaren Schutz und Sicherheit vermitteln. Liebe und Angst sind die zwei Pole unserer Welt. Was bedeutet, dass wir Menschen aus Liebe oder Angst handeln, wobei die Angst letztendlich ihren Ursprung in der Liebe hat und von dieser genährt wird. Denn Angst um die Arbeit, das Kind, die Familie und damit die eigene Existenz sind Ausdruck von Liebe. Jeder sehnt sich danach, zu lieben und geliebt zu werden, da es unsere Natur ist und wir Liebe sind. Gott teilte die Welt in zwei Pole, die wir als angenehm oder unangenehm empfinden können. Es gibt nichts dazwischen, außer Du lebst die Einheit. Das ist der Ursprung, den Rest von Gut und Böse erschaffen wir Menschen selbst.

An diesem Tag meldete sich auch nochmals eine riesige Wut auf meinen Vater, der in meinem Erleben nicht wirklich für mich da war. Ich hatte mich von ihm und von Gott verraten und im Stich gelassen gefühlt. Die Gedanken um mein Institut und die Neuordnung in meinen Leben hatten mich zusätzlich schier wahnsinnig gemacht. Ich fühlte mich überfordert, verzweifelt und in tiefer Not.

»Du Arsch, wieso hast du mir nicht gezeigt, was es bedeutet, Mann zu sein, stark und handlungsfähig zu sein? Wo warst du, als ich dich brauchte, wo warst du, ›Vater‹, als ich deine starke Hand der Führung und deinen Schutz benötigte? Wo warst du?«

Ich war so sauer, dass ich im Bus, indem ich zu diesem Zeitpunkt saß, fluchte, schimpfte und mit allen mir einfallenden Worten meiner Wut innerlich Ausdruck gab. Aber ich war nicht nur auf meinen irdischen Vater, sondern auch auf Vater-Gott wütend. Leider ereignete sich dieser Prozess, bevor ich die Mujas erhalten hatte. Verzweifelt und gleichzeitig gefangen in mir selbst begann ich, den Widerstand loszulassen. Das Leben, unsere Entwicklung und unser Wachstum bewegen sich immer spiralförmig, sei es nach unten oder nach oben hin. Ich weiß, dass ich irgendwann erneut an die Themen Mutter/Vater gelangen werde, doch der Weg hindurch wird mir immer leichter fallen. Natürliche Wut ist wunderbar, sofern Du Dir erlaubst, sie frei zuzulassen und sie nicht wieder wegpackst, unterdrückst und unter Verschluss hältst. Falls Du mit Wut schlecht umgehen kannst oder Dich damit nicht aushalten kannst, nutze die Muja 11 »Ärger/Wut annehmen können«. Es wird eine Wohltat für Dich und Deine Energiesysteme sein. Ich weiß, dass sich die Wut im Laufe der Zeit ganz und gar wandeln und uns Menschen nur noch als Stärke zur Verfügung stehen wird. Eines Tages werden alle unsere Wunden versorgt und ausgeheilt sein, dann wird es nur Licht sein.

# Heil werden durch Begegnung

Heilung im Herzen hat auch mit Beziehung und Begegnung zu tun: zu uns selbst, unserem Partner, Freunden und/oder Familie. Heilung geschieht nur in der Begegnung. Sobald ich mich auf einen Menschen einlasse, ihn sein lasse, ihm sein Modell der Welt und seine Überlebensstrategie zugestehe, entsteht Annahme und damit Heilung. Dann ist es völlig egal, ob wir die gleiche Sprache sprechen oder nicht. Begegnung von Herz zu Herz braucht keine Worte, sie geschieht einfach, ganz frei und leicht. Geöffnet meinem Mitmenschen zu begegnen, schafft eine Öffnung auf der anderen Seite, da er sich angenommen fühlt, und erst dann sind Menschen bereit, sich auf etwas Neues einzulassen. Bevor das geschehen kann, steht zuallererst die Begegnung zu Dir selbst an.

Doch wie geht das? Wie kann ich mir selbst begegnen?

Diese Fragen habe ich mir zu Beginn meiner Systemischen Ausbildung im Jahr 2002 gemacht. »Was ist Selbstliebe? Wie funktioniert sie und wie komme ich dort an?«

Der erste Schritt erfolgte über Annahme meiner selbst, und das konnte nur geschehen, nachdem ich begonnen hatte, mich mit liebevollen und gnädigen Augen zu betrachten. Wir Menschen haben einen enormen Anspruch an uns selbst und unser Umfeld, wie was zu sein hat usw. Und wie beim Eisberg-Modell lassen wir unsere Mitmenschen nur an der Spitze unseres Anspruchs teilhaben. Ich übertreibe vielleicht, doch das, was Dir an Anspruch/Forderungen von anderen entgegengebracht wird, multipliziere mit Faktor 1 000. Dann wirst Du dem Anspruch dieser Person an sich selbst ansatzweise näher kommen. Wir sind am ungnädigsten mit uns selbst, und da wir dies oft so schlecht aushalten können, versuchen wir, es am anderen auszuagieren. Also pfeife Deinen Perfektionisten, inneren Kritiker, den Besserwisser usw. zurück, bevor Du Dich am »Außen« abarbeitest. Halte kurz inne und prüfe: Um was geht es Dir wirklich? Ist es ein Gewinn für beide Seiten, mit diesem Tempo, dieser Antreiberenergie an die Sache heranzugehen oder schaffst Du damit nur neues Leiden?

Manchmal sind wir Menschen so festgefahren und fahren wie per Autopilot veraltete Programme ab, als gäbe es keine anderen Möglichkeiten. Wenn es gut läuft, erkennen wir zumindest im Nachhinein, was wirklich passiert ist. Die Folgen sind meistens gleich: Selbstverurteilung, Ablehnung, Scham. Und diese Programme sind weit von Annahme und Sich-selbst-begegnen entfernt.

Hier ist die Muja 10 »Gnade für sich und andere« hilfreich. Auch wenn sich Deine Erkenntnis erst in ein paar Tagen einstellt, gehe nochmals gefühlt in diese erlebte Situation hinein. Nutze dann die Muja, und Du wirst sofort eine Veränderung spüren. Halte sie solange, bis sich die Situation in Deinem Inneren gewandelt hat und Du zu einer neuen Erkenntnis gelangt bist. Ich persönlich liebe diese Muja, vor allem das Gefühl der Entspannung und Entlastung, welches sich währenddessen einstellt. Gleichzeitig bringt sie mich auf eine sanfte Weise wieder in Kontakt mit mir.

Abschließend kann es förderlich sein, dass Du die Muja 15 »Sich selbst vergeben/verzeihen« anwendest, um in eine nachhaltige Umwandlung dieser Situation zu kommen. Ungnade sich selbst gegenüber und das Fehlen der Fähigkeit, sich zu vergeben, haben eine lange Historie in der Menschheitsgeschichte und sind tief verwurzelt in unseren Familien und Sippensystemen. Es wird Dir sehr dienlich sein, die Muja 15 regelmäßig in Deine Meditation einzubinden, sofern du mit diesem Thema viel zu tun hast und eine Transformation wünschst.

Sich vergeben und Gnade sind vielschichtige Themen mit komplexen Ebenen. Manchmal ist es notwendig, für Deinen Erkenntnisweg eine weitere Wandlungsform wie die Systemische Aufstellungsarbeit zusätzlich in Kombination zu nutzen. Es tut einfach gut, die Dinge zuerst aus einer Distanz zu betrachten, um dann geklärt sich wieder hineinzubegeben. Die Mujas sind ein innerer Prozessweg, auch als eine gute Vorbereitung und/oder Nachbereitung einsetzbar. In meinen Seminaren erlebe ich jedes Mal aufs Neue, wie sich durch Systemische Aufstellungsarbeit Wunder ereignen. Daher schätze ich und erachte diese Arbeit als etwas Heiliges.

Annahme geschieht, wenn ich die Situation zu mir nehme und mir bewusst mache, was wirklich hinter meinem Verhalten steckt und um was es mir geht. Hatte sich mein inneres Kind gemeldet, ist es gerade existenziell für mich oder … oder …

Unsere Innenwelt ist so fein und komplex zugleich, sei achtsam mit Dir und erlaube Dir, ungewohnte Wege zu gehen. Wie das im Leben so ist, es gelingt uns nicht immer, alles gleich liebevoll anzunehmen, und manchmal habe ich auch gar keine Lust dazu. Dann brauche ich die Spannung in mir und das Knattern und Knottern. Lass es zu, erlaube Dir diese Regung und genieße es. Wenn Du alles Menschliche ohne Urteil zulassen, ihm einen Platz geben und aufhören kannst, dagegen zu sein, erst dann wirst Du auch eine Mitte finden können. Dann geschieht Transformation wie von selbst, denn unser Göttlicher Kern in uns kennt die Wahrheit und weiß, dass alles Gott ist. Also höre auf, gegen Dich/Gott zu kämpfen und beginne zuzulassen. Die Muja

13 »Annahme dessen, was ist« wird Dich darin unterstützen. Alles ist Energie, und Energie können wir nicht wegmachen, wegdrücken oder loswerden, sie wird sich immer einen weiteren Weg ans Licht suchen und finden. Wir können Energie nur umwandeln und ihr eine neue Form, einen neuen Namen geben. Dieser Prozess kann ganz schnell gehen, und manchmal braucht es eine Zeit des Seins mit dieser Energie, dieser Situation, bis Transformation möglich wird. Reine Annahme genügt dann nicht mehr, um eine Lösung oder eine neue Perspektive zu finden. Dann ist es einfach dran, mit dem, was ist, zu sein, nach Innen zu gehen, still zu werden und abzuwarten. Zu dieser klärenden Stille kann Dich die Muja 14 »Sein, mit dem, was ist« gut begleiten, bis ein neuer Impuls aus Deinem Herzen kommt.

## Heilung im Herzen – Missbrauch

Viele Menschen reisen durch ihr Leben und bekommen gar nicht mit, wie sehr sie sich und anderen Gewalt antun. Sei es mental, emotional, seelisch oder körperlich. Wobei seelisch hier umgangssprachlich gemeint ist. Missbrauch hat viele Facetten und kann sich in mannigfaltiger Art und Weise darstellen. Wir Menschen sind sehr kreativ, was diesen Bereich angeht, und vielleicht hast Du Dich auch schon manches Mal gefragt: Warum tue ich mir das an?

Ein Ziel Deiner Seele ist es, dass Du Dich frei, glücklich und innerlich heil fühlst. Doch wie kannst Du Dir Deiner Wunden bewusst werden, wenn sie von Deinem Ego fein säuberlich weggepackt wurden, auf dass Du geschützt bleibst? Schon kommen wir wieder einem weiteren Wunder auf die Spur. Alles im Leben drückt sich über Resonanzen aus. Vor dem Eintritt in unser Erdenleben hatten wir entschieden zu vergessen, wer wir sind und gleichzeitig vergessen, dass wir dies vergessen hatten. Somit ist die einzige Möglichkeit, uns zu erkennen und zu finden, das Außen. Die ganze Welt ist ein Spiegel Deiner selbst. Alles, was Dich ausmacht, was Du sein möchtest oder nicht, ist da draußen. Die Welt da draußen ist Deine alleinige Schöpfung, und jeder Mensch sieht die Welt anders. Wir können Gemeinsamkeiten beim Austausch finden, doch keiner von uns wird je gleich fühlen, sehen und begreifen wie der andere. Es wird immer Unterschiede geben, so winzig klein sie auch sein mögen. Und das ist gut so, denn Gott möchte sich in Seiner Unendlichkeit erfahren. Was bedeutet, dass Gott gerade dieses Buch liest, was Er einst selbst geschrieben, publiziert, verkauft und gekauft hatte. Und bei dessen Lektüre Er Erkenntnisse über sich erfährt. Also können wir nach heutigem klassischen ärztlichen Befund salopp formuliert sagen: Gott ist eine multiple Persönlichkeit im vollen Bewusstsein dessen.

Es gibt drei Formen von Missbrauch: die Einladung, den Selbstmissbrauch und den Missbrauch an anderen.

Die Einladung kannst Du Dir folgendermaßen vorstellen: Ein Mensch läuft mit einem für unsere Augen, aber nicht für unser Unterbewusstsein unsichtbaren Schild durch das Leben, auf dem steht, »Hallo, ich bin noch nicht missbraucht worden! Wer möchte mich bitte missbrauchen?«

Da wir alle uns Heilung wünschen und unsere Seelen miteinander verbunden sind, entscheidest Du Dich auf kreative Weise, der Aufforderung des Menschen mit dem Schild nachzukommen. Dies geschieht ganz unbewusst, außer Du bist bereits seit einiger Zeit auf dem Weg und weißt um diese Tatsachen und deren Verlockungen.

Je mehr Du Deine blinden Flecke durchlichtet hast, desto eher kannst Du aus diesem Spiel aussteigen und dieser Person bewusst einen Heilimpuls spiegeln: »Fällt dir gerade auf, dass dein Verhalten Menschen dazu bewegen könnte, genau das zu tun, was du ganz und gar nicht für dich möchtest?« oder: »Dein Jammern macht mich aggressiv!«

Opfer machen Täter zu Tätern. Vielleicht hast Du es auch schon erlebt, wenn einer ständig davon sprach, wie schlecht es ihm geht, wie schwer sein Leben ist usw., dass Du diesem Menschen tatsächlich irgendwann eine reingehauen hättest?

Als Freund ist es wichtig, auch mal Schluss mit dem ewigen Verständnis zu machen und auf den Tisch zu hauen und zu sagen: »Es reicht! Ich kann es nicht mehr hören!«

Nur so können wir den Menschen, der uns nahe ist, aus seiner »Selbsthypnose« aufrütteln und ihn von dieser Einladung zum Missbrauch wegholen. Da die Gründe dafür oft tief im Unbewussten verborgen liegen, kann dies meist nur vorübergehend helfen. Dennoch ist es ein gesundes Verhalten, was Deinen Körper rein hält. Es geht um gesunde Abgrenzung, weil andauerndes Verständnis eher das Opfersein des Anderen unterstützt.

Zu Anfang ist es vollkommen wichtig und notwendig, zu erzählen, dem Schmerz und der Ohnmacht Raum zu geben, denn ein großer Eindruck braucht einen großen Ausdruck. Doch irgendwann kommt der Zeitpunkt, an dem es reicht und der Mensch endlich in die Puschen kommen, Verantwortung übernehmen und Veränderungen tätigen muss. Jeder hat auf die eine oder andere Weise alle drei Formen des Missbrauchs im Schlepptau. Sich dessen bewusst sein, schenkt Dir die Freiheit, in jeder Situation eine neue Wahl treffen zu können. Manchmal können wir in der Situation jedoch nicht anders handeln, und genau da ist es wichtig, gnädig mit Dir zu sein. Du bist auf dem Weg, und Rom wurde auch nicht an einem Tag erbaut. Wichtig ist, dass Du Dir Deiner Mechanismen bewusst wirst und immer mehr mit Deinem Herzen handelst.

Jede erlebte Situation hinterlässt in unserem Energiesystem einen Abdruck. Je traumatischer das Erlebte, umso heftiger der Eindruck und umso mehr Energie wird gebunden. Das zeigt sich meist als Blockade oder Verknotungen auf den Körper-, Seelen- und/oder Herz-Meridianen, die ich im Kapitel »Heilung und Schutz« detaillierter aufgreife.

Diese Verknotungen/Verkapselungen sind gebündelte Energie, die uns nicht mehr zur freien Verfügung steht. Doch um unmittelbarer Schöpfer zu sein, brauche ich alle meine Energie. Also kreiert Dein Unterbewusstsein gleiche oder ähnliche schmerzhafte Situationen, sodass Du Dir dieser Verkapselungen bewusst wirst. Leider ist dieses Aufmerksammachen nicht immer so offensichtlich und bedarf einer Entschlüsselung. Das ist auch der Grund, warum Menschen sich immer wieder aufs Neue den gleichen untreuen oder gewalttätigen Partner, den gnadenlosen Chef, die grantige Vermieterin usw. ins Leben holen, bis sie dahinter schauen und zur richtigen Erkenntnis kommen.

Mach Dir bitte bewusst: Als Kind warst Du hilflos ausgeliefert und machtlos. Du hattest keine andere Chance zu überleben, als Dich anzupassen, auszuhalten und irgendwie damit umzugehen. Und um das zu schaffen, haben wir als spirituelle Wesenheiten in unserer Erforschung der Trennung u. a. das Ego entwickelt und uns zur Seite gestellt (vereinfacht dargestellt). Das Wichtigste für uns Kinder war es, unseren Diamanten zu schützen, auch wenn wir fast gestorben wären. Dies geschieht alles unbewusst, aus dem Göttli-

chen Impuls heraus. Wie auch immer wir es geschafft hatten, wir haben überlebt und sind jetzt »erwachsen«. Doch
das bedeutet nicht, dass wir jetzt alles anders machen als
unsere Eltern. Wir Menschen haben eine ganz besondere
Fähigkeit: die lebenslange Treue zu Gott.

Als Kind waren meine Eltern Götter für mich. Alles, was
mein Papa oder meine Mama sagten, war damals Gesetz
und Wahrheit, auch wenn ich manchmal eine völlig andere
Wahrnehmung hatte. In der Pubertät begann ich dann, genauer hinzuhören und in Frage zu stellen. Doch gleichzeitig
hatte es mich viel Kraft gekostet, meiner Wahrheit treu zu
bleiben. Was vollkommen Sinn macht, da es als Kind total
lebensbedrohlich gewesen wäre, sich den Eltern zu wider-
setzen. Ich war auf deren Liebe und Fürsorge angewiesen.

Heute noch wirken diese Mechanismen manchmal in mir,
obwohl ich bereits irdisch 36 Jahre alt bin. Daher ist es unausweichlich, diese Treue zu diesen Göttern in sich sterben
zu lassen und Deinen eigenen Gott, Deine eigene Wahrheit
zu entwickeln und zu beginnen, dieser treu zu sein. Lauf
dennoch nicht mit Scheuklappen durchs Leben, bleibe geöffnet und überprüfe von Zeit zu Zeit, ob Deine Wahrheiten noch Sinn haben. Wir alle entwickeln uns weiter und
eröffnen uns neue Horizonte. In diesem Sinne erlaube auch
Deiner Wahrheit, sich mit zu entfalten, zu ändern und zu
wachsen. Unser Herz kennt nur Liebe, Frieden und die
Schönheit des Lebens. Es ist im Einklang mit unserer Seele,
mit Gott. Es ist nicht Gott, der das »Unheil« zulässt, wir sind
es, die nicht unser Denken, Fühlen und Handeln verändern.
Missbrauch ist ein Verbrechen! Verständnis für den Miss-
braucher ist aus meiner menschlichen Sicht total fehl am
Platz. Um Frieden und Heilung zu finden, müssen wir neue
und oft ungewohnte Wege gehen.

Ich selbst wünschte, meine Kindheit wäre in bestimmten Bereichen anders verlaufen. Nach all den Jahren der Bewusstwerdung, des Erkennens und Verstehens beginne ich jetzt langsam zu begreifen, was das Geschenk dieser Erlebnisse sein könnte. Meine Eltern werden immer meine Eltern bleiben, doch sie sind nicht mehr meine Götter.

## Selbstmissbrauch und Missbrauch an anderen

Solange dieser Prozess nicht eingeleitet ist, wirst Du ihnen und Deiner Sippe treu ergeben sein. Was nicht immer schlecht ist, da es auch viel Gutes gab, was Du mitbekommen hast, und wenn es nur das Leben ist. Manchmal veranlasst uns genau diese Treue dazu, den einst erfahrenen Missbrauch in der Kindheit mit uns selbst und mit anderen als Erwachsener weiter fortzuführen. Sei es, dass alles, was Du tust, nicht gut genug ist, dass Du Dich verurteilst, dass Du andere verurteilst, erniedrigst oder erhöhst. Ich selbst lief als Teenager manchmal murmelnd durch die Straßen und machte mir verbal die dicksten Vorwürfe: »Wie konnte ich so blöd sein«, oder: »Typisch ich, krieg's ja wieder nicht gebacken«, oder: »Siehste, hab's ja gleich gewusst, ich schon wieder«. Es gab Einiges, was ich an mir ablehnte und dachte, es müsste anders sein. Auch wenn ich oft nicht wusste, warum eigentlich. Doch wie können wir es verändern?

Wissen ist nicht fühlen und/oder begreifen. Es braucht seine Zeit, bis das, was Du erkannt und verstanden hast, im Herzen und im Bauch angekommen ist. Ich erlebe in meinen Beratungen und Seminaren immer wieder, dass dies der entscheidende Aspekt ist, warum sich der Eine dort und der Andere da befindet. Das Erkennen steht an erster Stelle, dem folgen das Benennen/Aussprechen, dann das Bekennen, das Fühlen und das Begreifen. Nur wenn ich begriffen habe, etwas also greifen kann, erst dann werde ich es auch umsetzen und in eine Handlung bringen können. Manchmal fühle ich Dinge ganz deutlich in mir und meinem Herzen, und dann braucht es eine gewisse Zeit, bis dies bei meinem Verstand angekommen ist und ich die größeren Zusammenhänge erfassen kann. Kurzum, es gibt den Weg von oben nach unten und andersherum. Der Weg vom Verstand übers Herz und in den Bauch war für mich damals der bevorzugte, als ich die Mujas empfing. Somit war es eine spannende Erfahrung, diese zuerst mittels meiner Hände und erst danach die Erklärungen und Verdeutlichungen dafür erhalten zu haben. Dieses Phänomen war nicht das einzige, welches sich mir offenbarte.

Ein Jahr später, im Sommer 2007, geschah etwas ganz Ähnliches, was den Empfang von Botschaften betraf. Doch dieses Mal bekam ich Besuch von der Gemeinschaft der Erzengel, von Jesus, Mutter Maria und Maria Magdalena. Eines Nachts, während meiner Meditation, erschien mir Erzengel Raphael in Begleitung der Gemeinschaft der Erzengel. Ich konnte ihn wirklich mit meinen Augen sehen. Du kannst Dir gar nicht denken, wie überrascht ich war. Warum ausgerechnet ich? In den darauffolgenden Nächten wurde mir eine Methode vermittelt, die ich »Herz-Meridian-Massage« nenne. Ziel ist es, unser Herz für uns zu öffnen und mehr Liebe durch uns fließen zu lassen. Jesus lehrte mich, die Weite des Herzens zu begreifen und in dieses Universum einzutauchen. Es waren so viele Informationen und Erlebnisse auf verschiedenen Ebenen, was ich nicht in Worte fassen kann. Sinngemäß möchte ich eine für mich tragende Aussage wiedergeben: »Denke nicht, dass alle Menschen dich mit offenen Armen empfangen werden, je mehr du dein

Herz öffnest und in ihm wohnst. Es wird welche geben, die dich ans ›Kreuz‹ nageln werden, da sie den Spiegel nicht aushalten können. Den Spiegel, der sie durch dich spüren lässt, wie verschlossen ihr Herz ist und wie groß gleichzeitig die Sehnsucht danach. Vor lauter Schmerz und dem Spüren dessen, werden sie dich bewusst oder unbewusst ablehnen müssen, da sie ihre Ressourcen von Annahme, Reflektion und Gnade für sich selbst noch nicht in der Gänze entwickelt haben. Also wisse, es wird steinig werden und nicht jeder wird dir folgen und das erfassen können, was du an Botschaften vermitteln wirst.« Mutter Maria hüllte mich in die Erfahrung von Mitgefühl ein und eröffnete mir ein tieferes Begreifen. Maria Magdalena erzählte mir von sich und Jesus und deren inniger Verbindung. Sie betonte die Wichtigkeit der Verbindung zwischen der inneren Frau und des inneren Mannes in uns und dass Sexualität eine Möglichkeit ist, als Menschen Einheit zu erfahren. Ich lernte, dass Sexualität eine Form von Kommunikation auf mehreren Ebenen ist und ich dies bewusst steuern kann.

Weiterhin ist es wichtig, Dir klar zu machen, dass Missbrauch auf verschiedenen Ebenen stattfinden kann: mental, emotional und körperlich. Dabei ist es vollkommen gleich, welche Form von Gewalt angewendet wurde. Gewalt ist immer dort zu finden, wo Grenzen überschritten werden. Beim körperlichen Missbrauch, sei es durch Schläge und/oder sexuellen Übergriff, sind sämtliche Ebenen involviert. Eine weitere sehr einschneidende Form des Missbrauchs ist das emotional am langen Arm verhungern lassen. Hierbei wird das Kind zum einen mit Nichtachtung und bewusstem Ignorieren bestraft, zum anderen mit völliger Gefühlskälte und emotionaler Abweisung. Dies war für mich am schlimmsten,

vor allem, wenn ich gar nicht wusste, weswegen. Viele Eltern glauben, das Kind wisse ganz genau, warum und wieso
mit ihm so umgegangen wird. Meine Erfahrung ist, dass bei
diesen Eltern eine Identifizierung vorliegt in Verbindung mit
einer Verdrehung der eigenen Sichtweise, die im Familien-
system begründet ist. Diese Menschen haben oft selbst als
Kind eine »Gehirnwäsche« erfahren und ein völlig verzerrtes
Eigenbild. Ein Kind ist von Geburt an rein. Es ist Liebe pur.
Der Samen für das »Böse« wird durch die Glaubensmuster,
Annahmen und Vermutungen des Umfeldes in es hinein-
gepflanzt. Ihr lieben Eltern, werdet Euch Eurer eigenen Glaubensmuster über Euch selbst und woher sie kommen, bewusst. Denn das ist es, was Ihr Euren Kindern zuerst mit auf
den Weg gebt. Ihr habt den größten Einfluss auf Euer Kind
und setzt die Weichen für sein späteres Leben. Natürlich leis-
ten der Kindergarten, die Schule und der Kinderhort ebenso ihren Beitrag, aber das Zuhause ist am maßgeblichsten.
Kinder sind wie ein Schwamm. Sie saugen alles in sich auf.
Da sie mit einem großen Herzen unterwegs sind, nehmen
sie vor allem die unausgesprochenen Botschaften auf, die
als Gedanken und/oder Emotionen energetisch im Raum
vorhanden sind, bis wir es ihnen abtrainieren. Die bloßen
Gedanken eines Erwachsenen wirken bereits auf das Kind
ein, selbst wenn keinerlei Berührungen gewalttätiger oder
sexueller Natur erfolgen.

Es gibt eine Studie, in der man verschiedenen Lehrern unterschiedliche Informationen über die Leistungen ein- und
derselben Schüler gab. Daraufhin wurden diese Schüler von
den jeweiligen Lehrern geprüft. Da, wo der Lehrer im Vor-
feld die Information erhalten hatte, der Schüler sei ein Ein-
serkandidat, schnitt dieser besser ab als bei dem Lehrer mit
der Information, der Schüler sei ein Fünferkandidat. Wie es

schon Bruce Lipton und Gregg Braden bewiesen hatten: Nicht unsere Gene bestimmen unser Leben, sondern unsere Umwelt und Umgebung üben den größten Einfluss aus.

Die allerwichtigste Regel für Dich lautet: Als Kind hast du alles richtig gemacht. Du warst vollkommen und von Liebe durchdrungen. Im Laufe Deines Lebens musstest Du Deinen inneren Schatz, Deinen Diamanten, verstecken, um Dein Überleben zu sichern. Dort, wo unser größter Schmerz liegt, befindet sich auch unser größtes Potenzial. Als Kind wurdest Du vielleicht kritisiert, mit anderen verglichen, hohe Erwartungen wurden in Dich gesetzt, usw. Du lerntest, dich lediglich über Leistung und Erfolg zu definieren, denn darauf ist unsere Gesellschaft momentan noch ausgerichtet. Du hattest einen guten Weg für Dich gefunden, mit all dem zurechtzukommen. Vielleicht gab es auch einen Punkt, an dem Du all die Ansprüche, die Kritik, nicht gut genug zu sein, gar nicht mehr als etwas von Außen wahrgenommen, sondern Dir zutiefst verinnerlicht hattest. Und auf einmal wurde das Fremde zu Deiner Wahrheit und zu Deinem Eigenen. Doch im Leben geht es darum, herauszufinden und zu entdecken, wer Du bist. Es ist Dir etwas verloren gegangen, und das Tragische daran ist, dass Du es nicht mehr erinnern kannst. Was ist mir verloren gegangen? Wonach suche ich? Woher kommt mein Streben nach immer mehr, immer weiter, immer höher? Wem oder was jage ich hinterher?

In der Systemischen Aufstellungsarbeit hatte ich sowohl bei mir selbst als auch bei Klienten mit dem Fremden und dem Eigenen gearbeitet. Jedes Mal war ich zutiefst berührt über das Ergebnis und wie viel Heilung erfahren werden durfte. Das Heilsame an diesem Format ist, dass es Dich in das zelluläre Erleben dessen führt, dass das Fremde eine gute

Absicht mit Dir hat. Dieses zu verinnerlichen hat eine sofortige befreiende Wirkung und lässt Brocken von den Schultern purzeln. Du spürst Betroffenheit für Dich und Mitgefühl. Danach dürfen heilende Tränen fließen, und das Kämpfen kann aufhören. Als Unterstützung bei so einem Prozess kannst Du gerne die Muja 15 »Sich selbst verzeihen« und Muja 13 »Annehmen dessen, was ist« praktizieren. Diese Arbeit bestätigt mir immer wieder aufs Neue, dass das scheinbar Fremde unser Geburtshelfer ist, und somit ist es einfach die andere Seite der Medaille.

## Der Segen von Beziehungen

Wir Menschen brauchen Beziehungen und lieben es, uns auf jemanden und/oder etwas zu beziehen. Das ist unsere Natur. Jeder, der etwas anderes behauptet, lügt sich selbst in die Taschen. Wenn wir auf die Schnelle niemanden im Außen finden, dann gehen wir nach innen. Als Mensch bist Du ständig im inneren Dialoge, außer wenn Du Dich in Meditation befindest. Und auch dabei kann es sehr redselig zugehen. Wir nutzen den inneren Dialog, um Dinge abzuklären, abzuwägen, uns zu vergleichen, zu erinnern, zu ermahnen, zu verurteilen, anderweitig abzuwerten und auch aufzuwerten. Die Frage von Richard David Prechts Buch »Wer bin ich, und wenn ja, wie viele?« kommt auch in mir öfter auf.

Irgendwie sind wir doch alle multiple Persönlichkeiten. Wichtig ist, dass Du um diese Anteile weißt und realisierst, dass sie Teilaspekte Deiner Person sind. Jedoch Du, das Selbst, entscheidest. Ich hatte das so gut perfektioniert, dass ich während eines Gesprächs innerlich meine Einkaufsliste durchgehen konnte, schnell im Augenwinkel die Bewegung eines anderen wahrgenommen und interpretiert hatte, mich ärgerte, nicht die anderen Schuhe angezogen zu haben, die viel besser zur Hose passten usw. Und all das im Laufe eines Gespräches mit einer Person. Auch wenn es sich oft nur um Bruchteile von Sekunden gehandelt hatte, war ich dennoch nicht ganz da gewesen.

Solch ein innerer Dialog kann auch eine Form von Selbstmissbrauch sein. Tagtäglich rennen Menschen durch ihr Leben und können es sich selbst nicht Recht machen. Permanent brabbelt ein Chor von Stimmen in ihren Köpfen, mal alle zusammen, mal einzeln oder mehrere durcheinander. Jede Stimme hat ihren Senf dazuzugeben, gefragt und ungefragt. Viele sind ständig am Prüfen, Moralisieren, Kritisieren und natürlich Es-besser-wissen-als-die-Anderen. Wir kreisen um Personen oder um eine Situation herum und geben unsere volle Aufmerksamkeit dahin. Manchmal drehte ich mich im Kreis und verlor dabei den Kontakt zur Umwelt. Es hatte etwas Zwanghaftes, da ich fast den ganzen Tag damit beschäftig war zu analysieren, was, wie und wer der andere ist und ich in Bezug auf den anderen bin oder sein möchte. Sogar nachts konnte ich oft nicht loslassen und mich regenerieren, da sich auch im Schlaf das Karussell weiterdrehte, wenn ich überhaupt einschlafen konnte. Hier hilft es, ehrlich zu sich zu sein und eine Grenze zu ziehen. »Du, ich merke, dass ich gerade den Kopf voll habe. Können wir später weiterreden?« Oder einfach Prioritäten zu setzen: jetzt das Gespräch, dann die nächste Aufgabe, usw.

Ich hingegen versuchte, alles auf einmal zu machen, und merkte nicht, dass ich jeweils nur zu zehn bis zwanzig Prozent bei der Sache war. Mein unbewusstes Bedürfnis war, es allen Recht machen zu müssen, denn die Angst, abgelehnt zu werden, war viel zu groß. Also butterte ich rein, was das

Zeug hielt und befand mich mittendrin in meiner Selbst-
missbrauchsfalle. Beim permanenten Drang, mich »passend« zu machen, ging ich über meine Grenzen. Und das
Schlimmste dabei war, dass das, wovor ich am meisten
Angst hatte, irgendwann eintrat. Ich hatte mich so sehr an-
gestrengt, mein Eigenes verleugnet und meine Bedürfnisse
beiseite gestellt, dass ich schließlich selbst von den Anderen
beiseite gestellt und geradezu übersehen wurde. Man wird
uninteressant, wenn man ständig jemandem oder etwas hin-
terherläuft.

Das kannte ich von mir. Wenn jemand alles Mögliche für
mich und mir zuliebe tat, verflachte mein Interesse an diesem Menschen. Manchmal ging ich sogar in eine regel-
rechte Abwehr oder Konfrontation. Wenn man nicht mehr
man selbst ist, sondern nur eine Kopie von jemand anderem,
werden sich die Menschen früher oder später von einem ab-
wenden. Warum sollte ich mich mit einer Kopie zufrieden
geben, wenn ich doch das Original haben kann?

Wir Menschen suchen die Verschiedenheit und die Viel-
falt, auf dass wir erkennen und erleben können, was wir an
Potenzialen in uns haben. Leben ist darauf ausgerichtet, sich
auszuweiten, zu erfinden, zu zerstören und wieder neu zu
erschaffen. Auch wenn wir uns gerade im Prozess des Zu-
sammenkommens, der Einswerdung auf Bewusstseinsebene
befinden. Ich kann bei mir und gleichzeitig mit dem Anderen im Gespräch sein, ohne mich zu verlieren. Wie im Auge
des Zyklons, ringsherum tobt es, doch Du befindest Dich
in der Stille, während Du das Wirbeln wahrnimmst. Wenn
Du Dich dann doch im Wirbel verloren hast, liegt es an
Dir, Stopp zu sagen und darauf zu achten, dass Deine Grenzen gewahrt bleiben. Dein Gegenüber kann nicht Gedanken lesen.

Das mit dem Gedankenlesen ist übrigens ein schönes Phänomen in Partnerschaften. »Er/Sie muss doch wissen, dass ich dies oder jenes mag, nicht mag, denke, fühle, schmecke, rieche usw.« Nur zu gern gehen wir als Partner darauf ein und versuchen zu erahnen, zu erschnüffeln und vielleicht medial zu empfangen, was der Partner gerade braucht oder sich wünscht. Schon sitzt Du in der Falle und gehst über Deine Grenzen. Hat Dein Partner ein Bedürfnis, dann liegt es in seiner Verantwortung, sich um die Erfüllung dessen zu kümmern. Das Gleiche gilt für Dich.

Partnerschaften sind etwas Heiliges, denn sie halten die größten Geschenke für uns bereit. So nah wie Dein Partner kommt keiner an Dich heran. Eine Partnerschaft hat eine ähnliche Konstellation wie die vom Kind mit Mutter und Vater. Unsere Beziehungspartner suchen wir uns ganz exakt aus, ob wir uns dessen bewusst sind oder nicht. Es gibt keinen Partner, der nicht der Richtige ist. Mag sein, dass Du nach einigen Tagen zur Erkenntnis kommst, Dein Partner sei ein Fehlgriff gewesen. Selbst dann war sie/er für Dich noch immer die/der Richtige. »Richtig« in dem Sinne, dass Dir Dein Partner Deine geheimsten Sehnsüchte gespiegelt hat. In meinem Leben war es so, dass ich manche Partner nicht wirklich sehen konnte. Stattdessen kreierte ich mir ein bestimmtes Bild und stülpte es darüber. Ich wollte etwas sehen bzw. nahm aufgrund meiner Fähigkeiten Bestimmtes wahr, was mit der eigentlichen, tatsächlichen Situation nichts zu tun hatte.

Vielleicht kennst Du das auch von Dir: In manchem Menschen siehst Du mehr als er selbst. Dies führte bei mir eher zur Überforderung der Person, weil sie keinen Zugang zu den Dingen hat, die ich in ihr sehen konnte. Wenn Du Dich auf dieses Spiel von »Ich versuche zu erspüren und glaube zu wissen, was du denkst«, einlässt, befindest Du Dich schnell im Missbrauch von damals.

Als Kinder waren wir oft dazu genötigt zu erspüren, wie oder was gerade zu Hause los ist. Ich war so geeicht, dass ich bereits beim Aufschließen der Wohnungstür begann, meine Kanäle zu öffnen und mit meinen Sensoren die Lage abzuchecken. Wie ist sie heute drauf? Ist es sicher und wenn nein, was kann ich tun? In den schlimmsten Zeiten hörte mein Kindsein an der Wohnungstür auf. Ich trat in eine Welt ein, die viele Unwahrheiten, Geheimnisse und unausgesprochenen Gesetze beinhaltete.

Im Laufe meines Heranwachsens entschlüsselte ich die Gesetze und versuchte, mich soweit wie möglich daran zu halten. In der Pubertät gab es viele Auseinandersetzungen, in denen ich mich als stark präsentierte. Innerlich jedoch war ich zutiefst erschüttert, verängstigt und voller Selbstzweifel.

In einer intimen Beziehung wiederholen wir solche Erlebnisse in der einen oder anderen Weise, nur dass es uns nicht gleich bewusst wird. Allzu gerne »kotzen« wir uns dann bei Freunden aus und versuchen, Gefährten/Mitstreiter gegen den Partner ins Boot zu holen, anstatt uns selbst zu hinterfragen.

Je nach Familienstruktur gibt es auch die Form von Missbrauch, in der sich ein Mensch ständig in Frage stellt und ständig glaubt, an allem schuld zu sein. Mit diesem Muster im Rucksack wird sich dieser Mensch einen Partner suchen, der ihm sehr gerne die 100%-ige Verantwortung zukommen lässt. Bei mir lief es so: Stand irgendwo Schuld im Raum, fühlte ich mich sofort angesprochen und dafür verantwortlich. Durch meine Kindheit war ich so feinfühlig, was dieses Thema angeht, dass ich noch heute feinste Nuancen von Schuld »riechen« kann. Unsere Nase ist ein sehr feinsensorisches Organ, mit dem wir die Energien in einem Raum wahrnehmen können. Gedanken und Gefühle sind Energien, die unser Körper ausstrahlt. Unsere Aura ist umgeben von Quarks, Neutronen, Protonen, Atomen und Molekülen, die wir über die Nase aufnehmen und interpretieren können. Bestimmt hast Du schon erlebt, dass in einem Raum »dicke Luft« herrscht, Du die Spannung förmlich riechen konntest. Manche Menschen sagen auch: »Die Luft war zum Schneiden.«

Alle Erlebnisse Deines jetzigen und der »früheren« Leben sind in Deinen Zellen gespeichert, auch wenn Du Dir dessen nicht bewusst bist. Tagtäglich strahlen diese Informationen in Form von kleinsten Teilchen oder Spiralen aus den Zellen, die dann um unseren Körper schwirren. Meine Nase ist mittlerweile darin so gut geschult, dass ich mich einschalten und für die entsprechende Person auf deren Wunsch hin Informationen aufnehmen und anschließend entschlüsseln kann.

Du hast es in der Hand, wie Du Partnerschaft leben möchtest. Frage Dich und gehe lieber dem Folgenden nach: Was hindert mich daran, »Stopp!« zu sagen? Warum kann ich meine Bedürfnisse nicht äußern? Wieso glaube ich, meinen Partner glücklich machen zu *müssen*? Wer steht an erster Stelle in meinem Leben? Weshalb fühle ich mich schuldig?

Das sind für mich die viel wichtigeren und interessanteren Fragen, über die es sich lohnt, mit Freunden ins Gespräch zu gehen. Dennoch gestehe ich ein, mir selbst tut es auch manchmal richtig gut, einfach mal Dampf abzulassen. Wobei sich das dann sogleich abschwächt, weil mich die Erkenntnis über meinen eigenen Anteil an meinen Problemen ereilt. In solchen Momenten wünschte ich mir, keinerlei

Kenntnisse der systemischen Zusammenhänge zu haben und – ganz wie früher – die Schuld ganz einfach beim anderen zu sehen. Doch das geht nun nicht mehr. Hast Du erst einmal einen Schritt in Richtung Bewusstsein getan, dann gibt es kein Zurück mehr. Du kannst nicht mehr *un*bewusst sein, auch wenn Du so tun würdest, als ob. Bewusstsein ist eine der stärksten Kräfte im Universum.

Habe ich dann doch einmal Dampf abgelassen, meldet sich ziemlich verlässlich der spirituelle Anteil in mir und hat wie immer das letzte Wort: »Friede der Asche meiner Worte und Gedanken.«

Nur in dem Maße, wie Du Dich selbst liebst, wirst Du andere lieben können. Eine Mutter, die ihre Kinder über ihr eigenes Wohl stellt, wird irgendwann ausgebrannt sein und dann versuchen, das Energieminus über die Kinder wieder auszugleichen. In der Systemik sprechen wir von der »umgekehrten Nabelschnur«. Die viel gesündere und förderlichere Form ist: Die Mutter gibt, das Kind nimmt.

Früher, als ich noch Ballett tanzte, sah ich die Mütter, wie sie mit glänzenden Augen ihre Kinder in den Tutus betrachteten. Von vielen hörte ich immer wieder, dass sie so gerne Ballett getanzt hätten, aber es wurde ihnen nicht erlaubt oder es gab kein Geld dafür oder … oder … Einmal erlebte ich, wie eine Mutter ihr Töchterchen zurechtwies: »Sei nicht so undankbar. Ich wünschte, ich hätte als Kind diese Möglichkeit gehabt.« Noch lange nach dieser unfreiwilligen Begegnung war ich wütend. Um es ganz platt und unreflektiert zu sagen: Am liebsten hätte ich ihr meinen Spitzenschuh in den Hintern geschoben, sie kopfüber im Spagat an die Stange gebunden und währenddessen angeschrien: »Leb doch deinen Traum selber und höre auf, dein Kind für deine Versäumnisse zu missbrauchen!«

Viele Eltern sehen in ihren Kindern die Verlängerung ihres Eigenen Ichs. Ob die Kinder das nun wollen oder nicht: Sie werden oft gedrängt, dies oder jenes zu tun. Meist geschieht das einhergehend mit dem Satz: »Ich will doch nur dein Bestes.« Das mag auch so sein, aber vielleicht ist es Euer Bestes und nicht das Beste für Euer Kind.

## Gesund durch klare Grenzen

Das Thema Grenzen ist nach meiner Beobachtung ein sehr großes Thema. Hier passieren die meisten Verletzungen, da Menschen nicht im Stande sind, Grenzen zu setzen und diese auch adäquat zu kommunizieren. Erschwerend kommt hinzu, dass sie sich vieler ihrer Grenzen gar nicht bewusst sind. Sie haben kein wirkliches Gespür für sich selbst und merken erst im Nachhinein oder im Austausch mit einem Freund oder Partner, wie es sich wirklich mit den eigenen Grenzen verhält. Doch warum ziehen Menschen solche Situationen an?

Oft fragte ich mich, warum mich nun ausgerechnet schon wieder *so ein* Erlebnis ereilt hatte, wieso schon wieder *ausgerechnet mir* so etwas passiert war.

In meinem Erleben dachte ich, ich stünde damit allein. Im Laufe der Zeit fand ich heraus, dass ich nicht der Einzige damit war. Die Anderen waren ganz einfach genauso gute Schauspieler wie ich. Denn als ich von meinen Problemen erzählte, bekam ich plötzlich verstehendes Kopfnicken zur Antwort und Aussagen wie: »Dass auch dir so was passiert und dich so mitnimmt, das hätte ich ja nie gedacht! Du wirkst immer so klar, so selbstbewusst und zielgerichtet.«

Tja, auch ich bin nur ein Mensch. Diese Aussagen machten mich nachdenklich, und ich begann zu erforschen, was ich da eigentlich tat; wieso ich diese Wirkung nach außen hin hatte. Bei dieser Untersuchung erkannte ich, dass das Ganze etwas vielschichtig ist und in jedem Fall von Situation zu Situation unterschiedlich. Außerdem kam es auch oft auf meine innere Verfassung an. Je sicherer ich mich fühlte, umso gelassener und freier konnte ich mich geben. Dabei wurde mir deutlich: Wahre Sicherheit kann ich nur in mir selbst finden, und Kontrolle ist ein Krücke dafür. Wenn ich alles unter scheinbarer Kontrolle hatte, ging es mir gut. Heute noch wünschte ich mir, die Geistige Welt würde mir ganz detailliert und mit genauen Zeitangaben die weiteren Schritte aufzeigen. Falls es Dir ähnlich geht, können die Muja 12 »Gelassenheit«, Muja 3 »Kraft und Vertrauen« und Muja 14 »Sein mit dem, was ist« eine sehr hilfreiche Unterstützung sein. Rückblickend weiß ich, dass immer für mich gesorgt wurde, auch wenn es sehr oft ganz anders kam, als ich es mir gedacht hatte.

Ein wichtiger Aspekt des Selbstmissbrauchs liegt in seiner Heilwirkung, da er Dich auf etwas Verborgenes und im Untergrund Wirkendes aufmerksam machen möchte. Im Laufe Deiner Kindheit hattest Du vielleicht vieles an Schmerzhaftem und Leidvollem erlebt. Zu Deinem Schutz wurden die Erinnerungen an diese Erlebnisse ins Unterbewusstsein verlagert. Damit sind sie nicht einfach weg, sondern sie warten nur zu gegebener Zeit auf Deine Erlösung. Alles, was eingekapselt und verborgen ist, wird sich seinen Weg an die Oberfläche suchen. Wenn Du die Erfahrung machst, Dir immer wieder solche Partner zu wählen, die Dir Leid zufügen, dann frage Dich, was in Dir erlöst werden möchte. Von welchem Leid möchtest Du Dich befreien? Der einst erfahrene Missbrauch kann sich nur erlösen, wenn wir nochmals hinschauen, hineinspüren und den ungeweinten Tränen Raum geben.

Es geht nicht darum, im Leid festzustecken, daran festzuhalten und/oder sich darin zu suhlen, denn das bringt keine wirkliche Heilung. Sonst läufst Du mit der offenen Wunde durchs Leben, stellst die Anderen an den Pranger und befindest Dich wieder in der gleichen Situation wie damals. Du suchst nach einem Bekennen vom Anderen und erntest dabei meist Ablehnung, Verweigerung und Verleugnung. Und wie damals stehst Du ganz alleine da, ungesehen, machtlos und hilflos. Du wirst es nicht im Außen finden und wenn doch, dann wird es Dir nicht genug sein. Immer wieder stochern diese Menschen in den Wunden herum und finden keinen Frieden. An erster Stelle Frieden zu erlangen ist, vor sich selbst zu bekennen und in die Betroffenheit für sich zu kommen. »Ja, das war so. Ich höre endlich auf, schönzureden, und ja, ich kann gerade damit nicht umgehen«, könnte ein erster lösender Schritt sein. Das ist das Allerschwerste, denn es bedeutet, sich mit all dem, was sich melden und zu Tage kommen möchte, auszuhalten.

Natürlich tut es gut, die Wut und den Ärger an den Peinigern aus der Kindheit herauszulassen. Ich selbst hatte dieses Erleben, es waren ein kleiner Trost und eine kurze Entlastung, all das, was ich als Kind nicht konnte, als Erwachsener nachzuholen. Neben der ganzen Wut war auch eine tiefe Traurigkeit, und ich hätte mir von Herzen einfach ein: »Es tut mir leid, es war nicht deine Schuld, nicht dein Fehler gewesen« gewünscht. An diesem Bekennen der »Täter« festzuhalten und mit der Vergangenheit zu hadern, lässt die Wunden nicht heilen. Du wirst Dir weiterhin selbst Leid zufügen und Salz in Deine Wunden streuen. Wenn Du es von denen nicht bekommst, dann gehe nach Innen.

Erst als ich begann, die inneren Schritte zu gehen und mich für mein inneres Kind öffnete, begann ich, locker zu lassen. Es wurde leichter, und ich kam in die Betroffenheit für mich selbst und mein Schicksal. Missbrauch ist ein Verbrechen, und dafür gibt es keine Entschuldigung! Und dass sich »die Seele dies so gewählt« habe, ist für mich eine Aussage von Menschen, die selbst Missbrauch erfahren haben, aber keine Ahnung von dieser Thematik haben und sich in keiner Weise wirklich damit auseinandersetzen. Hier kann Dich die Muja 11 »Wut/Ärger annehmen können« ein wahrer Segen sein. Irgendwann, wenn die Wunde ausgeheilt ist, können wir uns für die Sicht von der Seelenebene öffnen. Ein weiterer Schritt heraus aus dem Selbstmissbrauch, heraus aus dem Habenwollen und Festhalten an der Vergangenheit war, die Tatsache annehmen zu können, dass ich »Es tut mir leid!« in diesem Leben wohl nicht mehr zu hören bekomme. Lange Zeit konnte mein inneres Kind es nicht begreifen, wieso mir dies angetan wurde. Wieso die Personen so gehandelt hatten, wie sie es taten. Heute noch gibt es einen Anteil in mir, der nur schwer die Tatsache annehmen kann, dass Menschen zu so etwas fähig sind.

Eine weitere Einladung zum Missbrauch, die ich angenommen hatte, war, dass mir in der Partnerschaft nachgesagt wurde, ich sei nicht liebesfähig. Mir wäre die Beziehung nicht wichtig, da ich immer sagte: »Wenn es dich glücklich macht, dann mach es.« Ich hatte nicht festgehalten, sondern geschehen lassen. Das war für viele nicht annehmbar, ihnen stand der Sinn nach Kampf, nach Eifersucht, nach einem Feuerwerk von Emotionen. Menschen glauben, wenn sie einer zurückhält, das zu tun, wonach ihnen der Sinn steht, wenn einer einen Aufstand macht, eifersüchtig ist und ein großes Tamtam und damit viel Streit veranstaltet, würde sie dieser Mensch wahrhaftig lieben. Das kann es doch nicht sein! Liebe ist *Loslassen*, den Anderen tun zu lassen und ihn darin zu unterstützen, was ihn glücklich macht, selbst wenn dies zum Abschied führen sollte.

Und so ging ich im Glauben, nicht liebesfähig zu sein, durchs Leben, weil Andere es mir so sagten. Ich zweifelte an meiner eigenen Wahrheit und nahm die der anderen an. Da ich niemanden kannte, der es genauso machte wie ich, dachte ich natürlich, ich sei das Problem. Eines Tages lernte ich eine liebe Freundin kennen, die die Fähigkeit hatte, mit der Seele zu reden. Ich konnte sie alles Mögliche fragen, und sie gab die Antworten meiner Seele oder die der Erzengel an mich weiter. In solch einer Sitzung sagte sie: »Du bist nie aus der Liebe gefallen, daher kannst du gar nicht anders, als zu lieben.« Es machte Peng!, und mir flossen die Tränen vor Erleichterung. Ich spürte wieder meine eigene Wahrheit und dass es stimmte – bedingungslose Liebe bedeutet: »Meine Liebe ist so stark, dass ich keine Bedingungen an dich habe.«

Dieser Kern schwingt in mir, genauso wie in vielen anderen Menschen. Vielleicht bist Du auch einer von diesen Menschen, dann erlaube Dir, dieser Wahrheit treu zu sein. Liebe schenkt Freiheit und wünscht nur das Beste für jeden, und was das Beste für Dich ist, kannst nur Du allein wissen.

Je mehr ich den Schmerz meiner Wunden und die Erschütterung darüber zulassen und mich aushalten konnte, umso leichter wurde es. Daher halte inne, bevor Du einen anderen Menschen schuldig machen möchtest und frage Dich lieber: Worum geht es? Was steckt dahinter? Wo sind mein Schmerz, meine Wut?

Wende Dich Dir zu und versuche herauszufinden, wie Du es beim nächsten Mal anders machen könntest. So, dass Du

Dich gut fühlst. Menschen können nur über Deine Grenzen gehen, wenn Du es ihnen gestattest. Es liegt an Dir Stopp! zu sagen. Du als Erwachsener kannst jetzt wählen, inwieweit Du dem Anderen Eintritt gewährst. Manchmal lassen wir Menschen in unsere Vorgärten, manchmal in unsere Häuser und manchmal weder noch. Es ist in Ordnung. Du allein entscheidest.

Es gibt Situationen, in denen ich das Gefühl hatte, wie fremdgesteuert zu sein. Eigentlich wollte ich etwas ganz anderes, und dann ist es doch wieder geschehen. Diese Geschehnisse haben oft einen Systemischen Hintergrund, und die Lösung braucht einen anderen Weg. Hierzu empfehle ich die Systemische Aufstellungsarbeit, da sie solche Muster und deren Ursprung sehr schnell aufdecken kann.

Missbrauch ist ein sehr sensibles Thema, und die Heilung liegt im achtsamen Umgang damit. Versuche nicht, dies mit Gewalt anzugehen, weil Du denkst, der Zeitpunkt sei nun gekommen (und käme nie wieder!) oder weil jemand aus Deinem Umfeld Dir eben das suggeriert. Hier lauert eine weitere Missbrauchsfalle. Alles hat in *Deiner Zeit* zu geschehen. Daher wende Dich an jemanden, der Dich behutsam Schicht für Schicht durch diesen Prozess begleitet. Ich bin kein Fan davon, sich »dem Missbrauch zu stellen«. Es geht vielmehr darum, sich ihm achtsam anzunähern und damit zu beginnen, das Trauma zum Schmelzen zu bringen. Ein traumatisches Erlebnis bedarf keiner neuen Traumata.

Opfer machen Täter zu Tätern. Du wirst Dir solange immer wieder die gleiche Situation, den gleichen Partner kreieren, bis Du beginnst, dahinter zu blicken. Höre auf mit dem Selbstmissbrauch und beginne damit, Dir selbst, Deinen Gefühlen und Deinem Körper zuzuhören. Entschlüssle die Signale Deines Körpers und betrachte sie als ein Frühwarnsystem. Unser Körper ist ein ausgezeichnetes filigranes System, welches Dich in jeder Situation unterstützen und durch Dein Leben navigieren kann. Vielleicht spürst Du in einer Situation einen Druck im Magen oder Schmerzen im Unterleib, dann halte inne und gehe dem Druck nach. Vielleicht gelingt es Dir nicht gleich in der Situation, dann wird es Dir eben im Nachhinein gelingen, die Ursachen aufzudecken. Lerne Dich kennen, und Du wirst Dir viel Leiden ersparen können.

Viele Menschen gehen unachtsam mit ihrem Körper um, gehen über ihre Grenzen und verausgaben sich völlig, ohne einen adäquaten Ausgleich zu haben. Auch das gehört zum Selbstmissbrauch. Für wen tust Du das alles? Wer hat einen Nutzen davon, dass Du am Limit bist? Wer hätte etwas dagegen, dass es Dir gut geht? Wem bist Du treu?

Als Erwachsener bist Du kein Opfer mehr, Du bist nicht mehr die oder der Kleine, werde Dir Deiner Eigenmacht bewusst!

Jeder Mensch, der missbraucht wurde und es mit sich selbst weiter fortführt, missbraucht auch andere. Das ist neben der Einladung und dem Selbstmissbrauch der dritte Aspekt im Bunde: der Missbrauch an anderen.

Bewusst oder unbewusst überschreiten wir die Grenzen anderer, so wie wir es selbst auch erlebt haben. Wir üben Macht aus und stellen uns über die Anderen. Immer, wenn Du jemandem begegnest, der arrogant oder überheblich auftritt und Du Dich auch noch darüber ärgerst oder Dich gar verletzt fühlst, dann frage Dich: Welchen ungesehenen Aspekt spiegelt Dir diese Person wider?

Menschen, die Machtmissbrauch und Ähnliches ständig zum Thema machen oder dem im Außen begegnen, sind oft diejenigen, die selbst ganz viel davon mit sich herumschleppen. Nur allzu ungern möchten wir dahinschauen und erkennen, dass wir in der Essenz genauso sind.

In meinen Begleitungen als Systemischer Berater, Heiler und Seminarleiter, bekomme ich oft erzählt, wie dominant, übergriffig, unachtsam usw. die eigenen Eltern oder ein Elternteil waren. Manche Menschen können sich so sehr hineinsteigern, dass sie dabei nicht merken, wie weit sie von sich weggekommen sind. Wenn ich *von mir weg bin*, kann ich mich und auch den Anderen nicht spüren. Ich befinde mich eher in einer Projektion oder Fabulierung, ohne einen Abgleich mit der Person zu machen.

»Ich nehme dies oder jenes wahr, stimmt das?« Wie viele Menschen denken zu wissen, was der andere fühlt, denkt, glaubt, weiß und machen wird. Blödsinn! Wir haben die freie Wahl, und ich kann mich sekündlich anders entscheiden.

In Beratungen rate ich immer den Klienten: »Prüfe für dich, ob es Sinn macht, was ich dir übermittle!«

Auch wenn mir die Seele Einiges erzählen mag, liegt es an mir, dies wahrzunehmen und in Worte zu fassen. Natürlich versuche ich, soweit mir das möglich ist, die Botschaften ungefiltert weiterzugeben, doch Worte können für mich schwer die Größe einer Seelenbotschaft erfassen, da die Seele auf allen Ebenen mit mir gleichzeitig kommuniziert. Jeder hat das Recht, seine eigene Meinung und Sicht der Welt zu haben. Es gibt nur eine Wahrheit: Liebe und Bewusstsein. Und was mir nicht bewusst ist, kann erst mal nicht meine Wahrheit sein. Sobald Du den anderen für seine Wahrheit verurteilst, machst Du die Chance einer Veränderung zunichte. Es gibt für mich kein Richtig oder Falsch. Manches entspricht mir einfach nicht, und ich wähle etwas Anderes. Durch meine Gabe habe ich die Möglichkeit, mit dem Unbewussten/Unterbewusstsein und der Seele in Kontakt zu kommen.

Vorausgesetzt, es ist für die Person gerade der Zeitpunkt und sie ist bereit anzunehmen, dass es auch anders sein könnte, als sie gerade denkt. Dann öffnet sich für mich das Tor zur Seele. Auch ich habe die Phase des Anprangerns und Schuldzuweisens voll ausgekostet. Frieden und Gelassenheit fand ich erst, als ich annehmen konnte, dass ich in der Essenz genauso machtvoll, dominant und engstirnig war, wenn auch in anderen Bereichen.

Einer der lösenden Sätze in der Systemischen Aufstellungsarbeit ist: »Mama ich bin wie du, nur dir mache ich einen Vorwurf daraus! Papa, ich bin wie du, nur dir mache ich einen Vorwurf daraus!«

Mach Dir bewusst, dass alles, was Du in der Welt siehst, auch ein Teilaspekt von Dir ist. Es liegt an Dir, wie Du damit umgehen willst. Möchtest Du weiterhin gegen Deinen Ursprung kämpfen? Oder sehnst Du Dich nach Loslassenkönnen und Frieden finden?

Was Du am meisten verurteilst und ablehnst, wirst Du selbst. Beginne, die Schleier zu lüften, denn Dunkelheit ist nur die Abwesenheit von Licht. Der Kampf gegen Deinen Ursprung, Deine Wurzeln wird Dich das Leben kosten: Sei es mental, emotional oder gar körperlich. In dem Maße, wie Du den gewalttätigen Anteil in Dir annehmen kannst, wirst Du Dich in die Heilung bringen. Werde Dir klar, wie Du mit anderen Menschen umgehst, was Du mit ihnen tust und warum Du es tust. Sei Dir bewusst, das Leid, welches Du in der einen oder anderen Art und Weise erfährst, fügst Du auch anderen zu, doch am meisten Dir selbst. Annahme führt zur Liebe, und Liebe führt zur Wandlung. Wir können es nicht wegmachen, wir können es nur verändern und in etwas Neues umwandeln. Das ist wahre Transformation.

Leben ist ein gewaltsamer Akt. Solange wir uns komplett noch nicht von Licht ernähren können, werden wir Gewalt ausüben. Deine Zähne werden die Nahrung weiterhin zerbeißen, zermahlen, und Deine Magensäure wird das ihrige dazutun. Ich denke, bis wir nicht im vollen Seelenbewusstsein und somit unserer Selbst sind, wird es immer wieder Formen von Missbrauch geben. Werde gnädig mit Dir und erlaube Dir, das Wesen in der menschlichen Erfahrung zu sein. Wir alle sind mit dem Impuls, etwas in die Ordnung zu bringen, hier angetreten. Nicht alle meine Wunden sind restlos verheilt, und manchmal noch wünschte ich, mir andere Voraussetzungen gewählt zu haben. Ich bin zuversichtlich, dass mein menschliches Herz eines Tages ganz ausgeheilt sein wird. Unsere größte Herausforderung macht uns gleichzeitig zum größten Experten darin, sofern wir den Sinn und die Wirklichkeit dahinter begreifen. Ich habe mal gehört, dass »Guru« auch bedeuten kann: Einer, der die Dunkelheit durchlichtet. In diesem Sinne werde ein Guru Deines Lebens und ein Licht am Ende des Tunnels. Es ist alles möglich!

## Erlöse Dich selbst

Heilung im Herzen führt Dich auch zum Frieden mit Deinen Eltern. Beides ist miteinander verbunden und verwoben. Du kannst nicht nur das Eine anstreben, ohne Dich mit Deinen Wurzeln auseinanderzusetzen, verfaulte Teile davon zu entfernen und dafür neue starke Teile wachsen zu lassen. Es gibt zwar kein Patentrezept, denn Du bist einzigartig, und es liegt an Dir, Deinen ganz eigenen Weg zu gehen. Doch die Mujas können Dich darin unterstützen, auch wenn sie sind nicht das Alleinige sind. Hör auf, nach einem Plan, einer Anleitung im Außen zu suchen, beginne lieber bei Dir selbst, dort wirst Du Antworten finden.

Jeder Mensch, jede Methode oder Technik ist einfach nur *eine* Möglichkeit, *ein* Mosaik, *eine* Farbe, *ein* Faden, *ein* Ton in dieser großartigen Symphonie. Finde Deine Melodie und lasse sie erklingen zum Lobe Deiner Selbst, zum Segen Gottes. Mach Dich auf zu Deinem inneren Erwachsenen, Deiner guten Mutter und Deinem guten Vater in Dir. Das wird Dir helfen, alte Wunden zu heilen und Neues in Dein Leben einzuladen. Es gibt keine Heilung im Außen, sondern nur in Dir drin. Das, was Du dann in Deinem Leben erfährst, sind die Samen, die Du vorher gesät hast. Alle Modelle sind Erklärungsversuche, etwas scheinbar Unbegreifliches zu begreifen. Nachdem der Ärger und die Wut über das Geschehene ausgedrückt wurden, beginnt die Ausheilung. Es hat keinen Nutzen, Deine Eltern für dies oder jenes weiterhin verantwortlich zu machen. Jetzt bist Du erwachsen, mehr oder weniger, übernimm Verantwortung und finde das, wonach Du Dich sehnst oder was Dir in der Kindheit gefehlt hat, woanders. Erlaube Dir, Dich nachzunähren, anstatt mit der Vergangenheit zu hadern und an dem, was nicht ausreichend für Dich vorhanden war, festzuhalten.

Bei Missbrauch geht es nicht darum, dem Anderen zu verzeihen. Es ist ein Verbrechen!

Es geht darum, Dir selbst zu verzeihen und gnädig mit Dir zu sein, dass Du damals nicht anders handeln konntest, als Du es getan hast. Beginne, Dich wieder mit liebevollen Augen zu betrachten und Dir selbst eine gute Mutter und ein guter Vater zu sein. Öffne Dir die Tür zur Liebe und zur Freude am Leben.

Einer der Schritte dorthin war für mich der Ausstieg aus meiner Macht meinen Eltern gegenüber. Zudem hörte ich auf, wie Cäsar großzügig mit dem Daumen Schicksal zu spielen. Jeder Mensch hat seine ganz eigene Form der Liebe und wie er diese zum Ausdruck bringen kann. Mein »Kleiner« in mir hätte sich oft etwas Anderes gewünscht, und diese Sehnsucht bricht manchmal wieder auf. Dennoch führt mich das Annehmen dessen mehr und mehr in den ersehnten Frieden in mir. Solange ich noch am Hadern war und die Eltern verantwortlich dafür machte und ihnen vorschreiben wollte, wie sie mich gefälligst zu lieben hatten, blieb ich gefangen in und mit mir. Große Teile meiner Energie flossen zu ihnen, weil ich darin verhaftet war.

Dies schwächte mich, und mir fehlte die nötige Kraft, meine wirklichen Potenziale zu Tage zu fördern und sie für mich zu nutzen. »Ohne Wurzeln keine Flügel«, bedeutet für mich, die eigene Ursprungsgeschichte so anzunehmen, wie sie ist, loszulassen und mich im Guten frei für einen anderen Weg zu entscheiden.

Alles liegt in Deiner Verantwortung, und Du bist derjenige, der das Steuer in den Händen zu halten hat. Dennoch bin ich Mensch, und in bestimmten Situationen kann mir schon Mal diese Erkenntnis abhandenkommen. Alles im Leben hat immer einen Sinn, eine gute Absicht, auch wenn uns das nicht immer schmeckt und nicht im jeweiligen Moment ersichtlich ist.

## Autobiographie in fünf Kapiteln

Ich gehe eine Straße entlang.
Da ist ein tiefes Loch im Gehsteig.
Ich falle hinein.
Ich bin verloren … Ich bin ohne Zuversicht.
Es ist nicht meine Schuld.
Es dauert endlos, wieder herauszukommen.

Ich gehe dieselbe Straße entlang.
Da ist ein tiefes Loch im Gehsteig.
Ich tue so, als sähe ich es nicht.
Ich falle wieder hinein.
Ich kann nicht glauben, schon wieder am
gleichen Ort zu sein.
Aber es ist nicht meine Schuld.
Immer noch dauert es sehr lange,
herauszukommen.

Ich gehe dieselbe Straße entlang.
Da ist ein tiefes Loch im Gehsteig.
Ich sehe es.
Ich falle immer noch hinein … aus Gewohnheit.
Meine Augen sind offen.
Ich weiß, wo ich bin.
Es ist meine eigene Schuld.
Ich komme sofort heraus.

Ich gehe dieselbe Straße entlang.
Da ist ein tiefes Loch im Gehsteig.
Ich gehe darum herum.
Ich gehe eine andere Straße.

*Portia Nelson*

Heilung ist ein Prozess und bedarf Kraft und Vertrauen sowie Mut und Hingabe, des Weiteren offener Augen, eines wachsamen Verstandes und eines liebenden Herzens für Dich selbst und Deine eigenen scheinbaren »Unzulänglichkeiten«. Die Mujas 3 und 4 werden Dich hierbei tatkräftig unterstützen und begleiten können.

## Heilung im Herzen – die gute Mutter, der gute Vater in Dir

Während all der Zeit meines eigenen Wachstums- und Entwicklungsprozesses habe ich erlebt, dass es notwendig ist, sich nochmals in die schmerzliche Erfahrung hineinzubegeben und hindurchzugehen. Erst dann gelingt es uns, diese wirklich loszulassen und die Wunden auszuheilen. Wir sind fühlige Wesen, und unsere Seele erfährt sich über das Gefühl. Doch ein sich Hineinbegeben bedeutet nicht, sich darin zu verlieren, sondern achtsam und bewusst die Situation von damals erneut zu erleben, unserem inneren Kind ehrlich zu begegnen und es mit der vorhandenen Not zu sehen und zu hören, um anschließend die einst gemachte Erfahrung loslassen zu können. Dies kann ein paar Minuten oder einige Tage dauern.

Meine Natur ist es, mich sehr intensiv und tief hineinzubegeben. Das kann für Außenstehende ziemlich heftig sein, dafür spart es mir Zeit. Prozesse können leicht vonstattengehen und gleichzeitig mit viel Tiefe erfüllt sein. Die Entwicklung und Aktivierung unserer eigenen guten Mutter und unseres eigenen guten Vaters in uns ist eine wichtige Unterstützung dabei. In Situationen schwerer Not hilft es, mir dieser Ressource bewusst zu werden und mich, mein inneres Kind, liebevoll in die Arme zu nehmen. Das sich liebevoll Annehmen ist eine Form von sich Nachnähren und sich selbst Beeltern; mir selbst jetzt das zu geben, was ich damals nicht erhalten habe, so wie ich es mir gewünscht und gebraucht hätte.

Die gute Mutter und der gute Vater sind Fähigkeiten in Dir, die Dich mit Deinem Mitgefühl in Verbindung bringen. Sie haben nichts mit der inneren Frau und dem inneren Mann zu tun. Das wiederum sind Qualitäten, die eine andere Funktion ausüben. Wie bereits Virginia Satir sagte: »Alles ist da, und wenn alles da ist, dann ist auch Alles möglich!«

Stelle Dir vor, wie Du sanft Dein inneres Kind auf den Schoß nimmst und es in den Armen hältst. Gerne kannst Du ein Kuscheltier oder etwas Anderes als Symbol dafür nehmen. Wichtig ist, dass Du damit Kontakt zum inneren Kind hast. Dann aktiviere durch Deine Absicht, in dem Du einfach daran denkst, die gute Mutter in Dir. Wiederhole innerlich oder laut die Sätze der guten Mutter: »Es ist, wie es ist, es war, wie es war. Alles ist gut, jeder Augenblick in sich ist vollkommen. Es ist gut, mein Kind, und dient zu deinem Besten. Ich liebe dich so, wie du bist, und werde immer bei dir bleiben, auch wenn Du stirbst. Du kannst mir vertrauen.«

Während Du Dich selbst nachnährst, streichle ganz sanft und liebevoll Dein Kinn dabei. Es ist ein sehr wichtiger Bereich, der Dich mit der guten Mutter in Dir verbindet und Dich trösten wird. Gleichzeitig ist es ein Ausdruck Deiner Fähigkeit, Dir selber verzeihen zu können.

Als ich 2002 zum ersten Mal diese Stelle ganz allein für mich sanft berührte und streichelte, spürte ich eine solch große Gnade, die mich total rührte und in einen Fluss von Tränen gleiten ließ. Zum ersten Mal in meinem Leben konnte ich so viel Annahme und Liebe von mir für mich selbst spüren und erleben. Diese Geste, mir selbst gegenüber gnädig zu sein und mir zu verzeihen, war ein atemberaubendes Erlebnis. Besonders in Zeiten schwerer Not ist sie eine wundervolle Möglichkeit, Dir selbst auf körperlicher Ebene näher zu kommen und Deiner Selbstliebe Ausdruck zu verleihen. Für den Fall, dass es Dir noch nicht leicht von der Hand geht, nutze die Muja 10 »Gnade für sich und andere« und Muja 15 »Sich selbst vergeben/verzeihen.«

## meditation: die gute mutter in dir

Atme mehrmals tief ein und aus. Mache es Dir bequem … sei es im Sitzen oder Liegen. Erlaube Deinem Körper, sich nochmals zurechtzurücken, wenn notwendig und loszulassen. … Mit jedem Ein- und Ausatmen entspannst Du Dich mehr und mehr. Ganz bewusst setzt Du die Absicht, Dein Kronen-Chakra zu öffnen und Dich mit Deinem Seelenstern zu verbinden, auch wenn Du nicht wirklich weißt, wie das geht. … Erlaube nun der Energie Deines Seelensterns, über Dein Kronen-Chakra entlang der Wirbelsäule hinunter zum Erdstern zu fließen. … Es geschieht, sobald Du die Absicht setzt. … Nun verbindet sich das Licht Deines Seelensterns mit Deinem Erdstern. Und Du spürst, wie eine weitere Energie vom Erdstern hinauf an Deiner Wirbelsäule entlang über das Kronen-Chakra zum Seelenstern fließt. Gleichzeitig fühlst Du eine wohlige Wärme, vielleicht ein Kribbeln … vielleicht auch nichts

Bestimmtes ... wie auch immer es bei Dir ist, wisse, Du bist verbunden.

Während Du wahrnimmst, was Du gerade wahrnimmst ... Öffnest Du Dein Herz-Chakra ganz weit ... noch weiter .... So weit, dass es Deinen Seelenstern und Deinen Erdstern umfasst. ... Schaue, spüre, höre, schmecke, rieche ... nimm wahr, was es wahrzunehmen gibt. Deine innere Weisheit öffnet ein goldenes Tor für Dich ... Du schreitest hindurch und befindest Dich auf einer Lichtung ... Vögel zwitschern und Du kannst das Plätschern eines Baches hören ... Spüre das Grün unter Deinen Füßen ... wohlig, weich und erfrischend ... Mitten in der Lichtung befindet sich ein wunderschönes Haus, das Du noch nie zuvor gesehen hast ... Es ist, als ob es nach Dir rufen würde ... Du gehst auf das Haus zu und schon aus der Ferne kannst Du eine lichtvolle Gestalt erkennen ... Ihr Licht strahlt voller Wärme, wie eine feine Melodie, die Dich ganz sanft und zart berührt ... Du trittst vor die Lichtgestalt, die schon lange auf Dich gewartet hat ... »Komm herein, es ist schön, dass du wieder da bist« spricht eine leise Stimme ... Die Tür öffnet sich, und Du betrittst einen großen Saal mit vielen Lichtern und einer reich gedeckten Tafel ... Eine weitere Lichtgestalt kommt voller Freude und mit offenen Armen auf Dich zu ... »Endlich mein Kind, schön, dass du da bist« ... Erlaube Dir, Dich diesen Armen hinzugeben und Dich an der Wärme, Geborgenheit und Liebe zu nähren ... »Hier bist du sicher, mein Kind« ... Und während Du die Liebe in Dir aufnimmst, streichelt die Lichtgestalt sanft über Dein Haar, wie eine gute Mutter, die voller

Liebe für Ihr Kind ist ... Während das geschieht, was gerade geschieht ... kannst Du wahrnehmen, wie viele Tausende von freudigen Kindern den Saal erfüllen ... Dir wird auf einmal bewusst, dass das alles Deine verloren geglaubten inneren Kinder sind und dass sie sich in Sicherheit befinden. ... Jetzt kannst Du all die fröhlichen Gesichter Deiner inneren Kinder sehen, spüren und wahrnehmen ... Während Du tust, was Du gerade tust, passiert etwas Wundersames ... Du und die Lichtgestalt werdet Eins ... und Dein Herz beginnt zu sprechen ...

»Es ist, wie es ist, es war, wie es war. ... Alles ist gut. ... Ich liebe dich und werde immer bei dir sein ... auch dann, wenn du stirbst. Vertraue.« ...

Nun beginne, Dich von diesem Ort zu verabschieden, im Wissen, dass Du jederzeit zurückkehren kannst ... jetzt stehst Du wieder vor dem goldenen Tor ... und gehst hindurch, mit all dem Erfahrenen und Erlebten in Deinem Herzen ... beginne, Dich langsam zu strecken und zu räkeln ... durchzuatmen und wieder ganz und gar auf Deinem Stuhl ... oder der Liegefläche anzukommen ... Und wenn Du möchtest, kannst Du gerne eine Hand auf Dein Herz legen und mit der anderen Dein Kinn zart streicheln und nachspüren ...

*Gerne kannst Du im Anschluss an die Meditation die Muja 10 »Gnade für sich« und die Muja 8 »Bereit sein ...« halten.*

Die Verbindung zum guten Vater befindet sich als Rechts-
händer auf der linken Schulter. Er bringt Dich mit der Qualität des Durchhaltens in Kontakt. Auch hier aktivierst Du
wieder durch Deine Absicht diesen Anteil in Dir. Erlaube
Dir, die Worte laut zu sprechen und Dich mit der freien
Hand zu umarmen. Du kannst gerne dabei Dein Kuscheltier vor die Brust packen und Dich ganz fest im Arm halten.

*»Alles wird gut. Alles dient einem Ziel, bleibe beständig.*
*Alles wird gut und geschieht zu deinem Wohle.*
*Ich vertraue dir und bin sicher, du gehst deinen Weg!«*

## meditation: der gute vater in dir

Atme mehrmals tief ein und aus. Mache es Dir bequem ... sei es im Sitzen oder Liegen. Erlaube Deinem
Körper, sich nochmals zurechtzurücken, wenn notwendig, und loszulassen. ... Mit jedem Ein- und Ausatmen entspannst Du Dich mehr und mehr. ... Entspanne so tief, wie Dir eben möglich ... Und mit jeden
weiteren Atemzügen lässt Du Dich noch tiefer sinken
... Dein Körper ist ganz und gar entspannt ... Nun
wanderst Du mit Deiner Aufmerksamkeit vom Kopf,
über die Schultern und den Brustraum hinunter zum
Bauchraum und weiter über Dein Gesäß zu den Oberschenkeln und Knien ... Und während Du diese bewusste Reise machst, entspannt sich Dein Körper
noch mehr und mehr ... Du wanderst von Deinen Knien
weiter in Richtung Fußsohlen und darüber hinaus bis

zum Erdstern ... Spüre die Kraft, das magische Feuer ...
und während Du tust, was Du gerade tust und wahrnimmst, was Du gerade wahrnimmst ... Wanderst Du
mit Deinem Bewusstsein durch die Fußsohlen wieder
zurück in Deinen Körper bis zur Körpermitte, Deinem
Hara ... Sobald Du dort angekommen bist, auch wenn
Du vielleicht nicht weißt, was das Hara ist ... Aktiviert
sich dieses Energiezentrum in Dir und wird größer und
größer ... Nimm wahr, wenn es etwas wahrzunehmen
gibt ... sehe, wenn es was zu sehen gibt ... und fühle,
wenn es was zu fühlen gibt ... Während Du tust, was
Du gerade tust ... fließt ein Strahl unendlicher Kraft
und Stärke zu Deinem Herzen ... Gleichzeitig fließt ein
Strahl unendlicher Liebe und Annahme zum Hara zurück ... Auf einmal erscheint ein Weg mit wunder-
schönen alten Bäumen am Wegesrand ... Ganz ma-
gisch zieht Dich dieser Weg an und Du beginnst, ihn
entlangzulaufen ... Schon von Weitem kannst Du ein
silbrig schimmerndes Tor wahrnehmen ... Dort angekommen, stehen zwei Wächter davor .... Ihre Gesichter
sind klar und freundlich ... Mit wohlwollendem Blick
betrachten sie Dich und öffnen das Tor für Dich ...
Strahlend weißes Licht umfasst Deinen ganzen Körper
und führt Dich in einen neuen Raum ... Eine Lichtgestalt kommt auf Dich zu und nimmt Dich sanft an
die Hand ... Du wirst zu einem Thron geführt aus sil-
bernen Federn ... Es tauchen viele Lichtwesen auf und
feiern Deine Wiederkehr ... Vor dem Thron steht ein
weiteres Lichtwesen von solcher Strahlkraft, wie Du
sie noch nie erlebt hast ... Nun steht Ihr Euch gegenüber, und dieses Wesen legt seine Hand auf Deine
Schulter ... mit einer klaren, beruhigenden Stimme

spricht es zu Dir: »Geliebtes Kind, endlich bist du da.«
... Du spürst, wie etwas Unbeschreibliches an Energie
Deinen ganzen Körper durchströmt und sich in Dir
vereint...

»Alles wird gut. ... Alles dient einem Ziel ... bleibe beständig. ... Alles wird gut und geschieht zu deinem
Wohle. ... Ich vertraue dir und bin sicher, du gehst deinen Weg.« ...

Nun erfasst Dich eine kraftvolle sanfte Lichtspirale ...
in Deiner Zeit gelangst Du wieder zurück ans Tor ... In
der einen Hand hältst Du die Qualität Würde in Form
eines Zepters und in der anderen Hand die Qualität
Klarheit und Wahrheit in Form eines Schwertes. ... Nun
schreite durch das Tor und komme jetzt im Herzen an
... Spüre nach und lege dabei Deine Hand auf die
Schulter... beginne langsam, Deine Füße zu bewegen,
Dich zu räkeln und zu strecken ... und wieder ganz
und gar mit allem Erlebten auf Deinem Stuhl oder
Deiner Liegefläche anzukommen ... Öffne nun Deine
Augen und sei ganz da. ...

*Im Anschluss kannst Du gerne die Muja 6 »Klarheit*
*und Beständigkeit« und die Muja 12 »Gelassenheit«*
*halten und die Meditation nachwirken lassen.*

Während Du die Worte der guten Mutter und des guten Vaters in Dir sprichst, nimm wahr, ob diese auch bei Deinem
inneren Kind ankommen. Oft haben wir viele Enttäu-
schungen erfahren, sodass uns als Kind das Vertrauen in die

Erwachsenen verloren ging. Es gibt nicht nur das eine innere Kind, es gibt viele. So kann es sein, dass Du mit Deiner 3jährigen und das nächste Mal mit dem 12jährigen Kontakt hast. In unserem Leben gab es durchweg Erlebnisse, nach denen wir uns nicht gesichert, nicht angenommen und nicht geliebt fühlten. Was Sinn macht, denn unsere Eltern konnten schließlich nicht überall sein. Falls Du ihnen das zur Last legst, befindest Du Dich in der totalen Anmaßung. Die inneren Kinder wünschen sich Wahrheit, ebenso wie alle Kinder. Unsere Gesellschaft ist immer noch im Glauben, dass die Kinder etwas von uns zu lernen haben. Glauben bedeutet auch Nicht-Wissen.

Kinder sind Helden der Herzen, bis ihnen diese Gabe abtrainiert wird. Ein Kind nimmt sowieso wahr, was emotional im Raum ist oder sich zwischen Mama und Papa abspielt. Mag sein, dass es noch nicht abstrakt denken kann und seine Interpretation sehr ichbezogen ist, es ändert aber nichts an der Tatsache des Wahrnehmens. Mute Deinem Kind die Wahrheit zu und erkläre sie so, dass sie zu verstehen ist. Wir Menschen tun uns schwer, wenn es darum geht, »die Hosen runter zu lassen«. Lieber versuchen wir, mit viel Gewalt einen Schein aufrechtzuerhalten. Vor allem Kleinkinder sind da anders, direkter und klarer. Das innere Kind braucht nicht jeden Tag Deine Zuwendung, nur dann, wenn es sich meldet. Falls Du in diesem Moment keinen Raum dafür hast, weil Dein Chef auf 180 und cholerisch ist, sag der/dem Kleinen, »Ich nehme mir danach Zeit für Dich«.

Sei ehrlich und gib eine genaue Zeit an (um 13.00 in der Mittagspause oder nach der Arbeit zu Hause). Bleib dann auch dabei, das stärkt das Vertrauen zwischen Euch beiden. Und für den Fall, dass es eine Änderung gibt, sag einfach: »Tut mir leid, klappt nicht, weil …« und triff eine neue Vereinbarung. Bedenke, ein drittes Mal versetzt zu werden, wäre auch bei keinem Menschen mehr wirklich 100%iges Vertrauen in Dich da.

Das innere Kind ist eine Brücke zu Dir, Deinem Potenzial und dem Göttlichen Funken in Dir.

## Das Bekennen

Ich hatte bereits angesprochen, dass beim körperlichen und sexuellen Missbrauch alle Ebenen betroffen sind. In meiner jahrelangen Erfahrung konnte ich immer wieder beobachten, dass die Verursacher/Täter zunächst kein Verantwortungsempfinden haben. Meistens wird die Tatsache geleugnet oder die Sicht, »ich wollte doch nur dein Bestes« vertreten.

Vor allem beim Missbrauch in der Familie, sei es durch den Vater oder die Mutter, wird schön alles unter den Teppich gekehrt. Manchmal wird sogar versucht, es so darzustellen, dass das Kind selbst schuld sei. Um ganz frei zu werden, braucht das Opfer ein Bekennen der Täter. Ich selbst bin kein Opfer sexuellen Missbrauchs durch Erwachsene, sondern ich war Opfer emotionaler und körperlicher Gewalt. Meine Mutter hatte mich diesen Missbrauch in Form von Beschimpfungen, emotionaler Abwertung und Nichtbeachtung in Form von Schlagen und Bespucken erleben lassen. Das Schlimmste für mich, nachdem ich erwachsener wurde, war ihr Leugnen und Herunterspielen dieser Tatsachen. So, als ob ich mir alles nur eingebildet hätte und dies nie so gewesen sei. Ich war ganz allein mit dieser furchtbaren Erinnerung. Damals hätte ich auch gar nicht gewusst, an wen ich mich hätte hilfesuchend wenden können. Mein Vater glaubte mir nicht und stand einmal sogar tatenlos daneben. Einige Zeit verging, bis ich selbst annehmen konnte, dass ich nicht fabuliert hatte und das alles wirklich passiert war. Ich selbst hatte über Jahre die Ereignisse heruntergespielt und wie ein Schauspieler auf der Bühne davon erzählt, ohne wirkliches Fühlen dessen und ohne jegliche Betroffenheit für mich selbst. Noch heute sagt mir mein inneres Kind, es könne das alles nicht glauben und wolle viel lieber am Bild der heilen Familie festhalten. Das Kind würde sein Leben dafür geben, eine glückliche, wahrhaftige Familie zu haben. Doch wem würde das nützen, wenn ich mein Leben dafür opfern würde?

Missbrauchte Menschen opfern allzu oft ihr Leben auf mannigfaltige Art und Weise im Alltag. Manche opfern sich für die Jetztfamilie, den Arbeitgeber, für Freunde, wohltätige Einrichtungen usw. und führen somit ihr einstiges Selbstgeopfertwordensein, weiterhin mit sich fort. Doch was könnte den Heilimpuls bringen? Was könnte eine Lösung aus diesem Kreislauf sein?

Neben der therapeutischen Einzelarbeit ist eine Systemische Aufstellung sehr hilfreich. Interessanterweise habe ich oft an meinen Aufstellungstagen Klienten mit solch einer Thematik bei mir. Meistens kommen die Personen mit ganz anderen Anliegen, und erst im Laufe der Aufstellung kristallisiert sich der Missbrauch heraus. Ein Bekennen, ein Aussprechen, dass es so war und Du Kind richtig mit Deiner Wahrnehmung liegst, ist einer der wichtigsten Aspekte für den weiteren Heilungs- und Friedensprozess. Um an diesem Punkt anzukommen, braucht es eine 90-Grad-Wendung in unserem Inneren wie beim Sprung vom Solarplexus-Chakra ins Herz-Chakra. Jeder hat ein Schicksal, und aufgrund dessen, was keine Entschuldigung fürs Verbrechen darstellt, kommt der Verursacher oft nicht ins Gefühl und somit in die Betroffenheit für die/den Missbrauchten. Aber diese Betroffenheit ist für den eigenen Heilungsprozess äußerst hilfreich. Ich selbst habe dies in meiner Aufstellung erleben dürfen. Das Bekennen und ein aufrichtiges »es tut mir leid« seitens des Stellvertreters meiner Mutter. Ob dies irgendwann auch leibhaftig von meiner Mutter kommen wird, ist fraglich.

Es war ein unbeschreibliches Gefühl, nach so vielen Jahren der inneren Arbeit. Endlich, der Weg nach innen hatte sich gelohnt und ich war frei.

Was viele Menschen nicht wissen ist, dass dies auch eine Heilung für die ganze Sippe, die Ahnen ist, da sich die Missbrauchsthematik meist weit nach hinten in die Glieder der Sippe erstreckt. Je nach Stand des Klienten und seiner bereits vollbrachten Eigenarbeit kann sich dies mit Hilfe der Systemischen Familienaufstellung ereignen.

Wie darf ich die 90-Grad-Wendung verstehen?

Nehmen wir an, die Tochter wurde vom Vater missbraucht, was eher der bekanntere Fall ist. Es hat keinen Nutzen, dem Vater dies vorzuwerfen, da dort erst mal nichts zu holen ist, außer wenn die Person bereits selbst an sich innerlich gearbeitet hat und reflektionsfähig ist. Meistens ist dem nicht so. Unsere Gesellschaft neigt dazu, nur das, was sichtbar ist, als die Wahrheit zu betrachten und dem Vater die 100% der Schuld zuzuschreiben. Ist dem wirklich so? Hat der Vater die alleinige Schuld daran? Meine Beobachtungen und Erfahrungen zeigen ein ganz anderes Bild. Einer der lösenden Sätze für das Kind in der Aufstellungssequenz ist: »Mutter, wo warst du, als ich dich gebraucht habe?«

Es zeigt sich immer wieder, dass die Mütter irgendwie davon wussten und es nicht wahrhaben wollten oder es sich selbst gar schöngeredet haben. Sobald die Mutter ins Gefühl und die Betroffenheit für das Schicksal der Tochter/des Sohnes kommt und sich die emotionale Blockade löst, fließt Heilung für das innere Kind des Klienten. Falls dieser Satz noch nicht das Aufbrechen des Schweigens bewirkt, hilft ein weiterer: »Mutter, ich habe es für dich getan.«

Die Betroffenheit der Mutter, deren Benennen und Bekennen, bereitet den weiteren Weg in die endgültige Ausheilung. Danach kommt auch meist der Vater ins Gefühl und in die Bereitschaft, die Verantwortung zu über nehmen und das Verbrechen anzuerkennen. Diese Geschehnisse brauchen Zeit und eine angemessene Nachsorge, denn die Wunden reichen tief ins Innere. Ich empfehle nach solch einer Sequenz die nächsten Tage, Wochen und Monate sehr achtsam mit sich umzugehen und nur mit wenigen Menschen das Erlebte zu teilen, die das Ausmaß erfassen können. Es gibt auch Aufstellungen, wo sich dies nicht so vollziehen kann. In diesen Fällen liegt der Fokus auf dem Annehmen, dass es im Moment noch nicht geht und auf der Hinwendung an das eigene Leben.

Eine Sicherung des inneren Kindes auf der Geschwisterebene, durch eine Höhere Kraft und/oder den inneren Erwachsenen, ist absolut notwendig.

Des Weiteren bedarf es eines anderen Weges, der in Form von Einzelbegleitung zu gehen ist. Falls Du selbst davon betroffen oder ein Berater/Therapeut bist, kannst Du für die Nacharbeit die Mujas 3 »Kraft und Vertrauen«, 9 »Loslassen«, 13 »Wut/Ärger annehmen können«, 15 »Sich selbst vergeben/verzeihen« und die Muja 8 »Bereit sein« anwenden. Vielleicht wunderst Du Dich, warum ich die Muja 9 vor der Muja 13 wähle. Ich selbst erlebte, dass, nachdem ich losgelassen hatte, eine gigantische Wut in mir hochkam, die bis dahin irgendwo in meinem Inneren verborgen war.

Daher ist das Annehmen nach dem Loslassen so wichtig. Darüber hinaus gibt es auch eine tibetische Körperarbeit (Tibetan Pulsing), die zusätzlich sehr hilfreich sein kann, um die »eingefrorenen« Energien und Bilder zum Schmelzen zu bringen.

Es kommt der Zeitpunkt, an dem Du Dich von Schmerzhaftem zu verabschieden und Deine eigene Wahrheit in Bezug auf Dich selbst und Deine Welt zu entwickeln hast. Du trägst dieses Potenzial in Dir, weil Dein Herz voller Liebe und Freude ist. Mag sein, dass es von dicken Mauern umgeben ist und Du die Liebe und Freude gerade nicht spüren kannst. Doch ich weiß, hinter diesen Mauern wartet etwas Großartiges auf Dich, und Du bist es wert, dies zu erhalten.

Wir leben in einer polaren Welt, und es ist töricht, nur dem Lichten hinterherzulaufen, auch das Dunkle braucht seinen Raum und seine Zeit, durchlichtet zu werden. Wahre Spiritualität hat nichts mit rosaroter Brille und »wir haben uns alle lieb« zu tun. Für mich bedeutet es, wirklich hinzuschauen und allem einen Platz zu geben. Immer noch erlebe ich traurige oder enttäuschende Situationen, und es liegt an mir, welche Bedeutung und welchen Wert ich denen beimesse. Manchmal kann ich Geschehenes nicht ändern, doch ich kann gnädig zu mir sein und daraus lernen und das nächste Mal eine andere Wahl treffen.

Die gute Mutter und der gute Vater in uns wissen um die Herausforderungen des Lebens. Sie dienen mir, mich selbst noch besser kennen zu lernen und neue Aspekte aus mir heraus zu erschaffen.

Es ist, wie es ist. Beginne loszulassen anstatt mit dem Geschehen zu hadern und daran festzuhalten. Damit bindest Du Deine Energie an diese unerwünschte Situation und wirst sie somit weiterhin als treuen Begleiter behalten. Was Du damit bewirkst, ist, dass Du Deinen Fokus darauf hast und somit alles Notwendige ins Leben ziehst, um Dir diese Erfahrung wieder neu zu erschaffen. Das, was Du aussendest, wirst Du empfangen. Im Leben geht es darum zu erkennen, dass Du eine Wahl hast. Du bist nicht Opfer Deiner Umstände, sondern Du bist ihr Schöpfer. Jeden Tag wählst Du aufs Neue, was Du anziehen magst, mit wem Du Dich treffen magst, was Du essen magst usw. Du wählst bereits die ganze Zeit, weil es gar nicht anders geht. Daher kannst Du einen anderen Weg gehen und mit anderen Augen schauen und neue erfüllende Erfahrungen kreieren. Falls es Dir nicht gleich gelingt, halte inne: Was könnte die gute Absicht sein? Was möchte sich Dir durch diese Situation zeigen? Wie könnte Dich das Deinem gesetzten Ziel näher bringen?

Alles ist ein Prozess, und vieles geschieht parallel. Ganz gleich, wo Du anfängst, es wird immer der richtige Punkt und die richtige Zeit sein, weil Du jetzt dafür offen bist. Die bewusste Durchwanderung vorhandener Sümpfe sowie manchmal des Dschungels Deiner Vergangenheit werden Dich zum intensiven Kontakt mit Deinem Herzen und Deiner eigenen Wahrheit führen. Gott ist in Dir.

Meine starke Sehnsucht und Absicht, heil zu werden, war der Motor meiner Entwicklung. Heute genieße ich die Früchte meiner Arbeit, auch wenn meine Reise noch nicht zu Ende ist. So ist es für mich wichtig, flexibel zu bleiben und mit dem zu gehen, was sich gerade meldet und gehört, gesehen oder gefühlt werden möchte. Nur so werde ich es in der Gänze loslassen und umwandeln können. Darauf basiert meine Begleitung und nach meiner Erfahrung einer der besten Wege, Unbewusstes zu durchlichten sowie Verstrickungen und Projektionen auflösen zu können. Dies wird Dich zu mehr Freiheit und Wohlsein führen.

Heilung im Herzen beinhaltet auch die Frage nach dem Sinn von all dessen. Die Welt ist darauf ausgerichtet, uns Erfahrungen von Fühlen und Denken zu ermöglichen und diese auszuleben. Für mich geht es um das bewusste Erleben und Entscheiden, will ich dies erfahren oder nicht. Wir sind alle Spirit, der sich durch Materie erfahren und somit auch durch unser Ego ausdrücken möchte. Dies hast Du freiwillig gewählt. Ich gebe zu, dass ich in der Vergangenheit oft so meine Zweifel hatte, ob ich das alles wirklich frei gewählt hatte. Meine Theorie war, dass ich einst mit Gott am Tisch saß und der Glanz all der anderen Seelen mich dermaßen blendete, dass ich das Kleingedruckte im Vertrag einfach übersah.

## Die Reise geht weiter – das EGO

Die nächste Phase meiner Freundschaftsreise mit dem Ego war erfüllt von Fragen, wer oder was sind wir? Was ist der Sinn des ganzen Spiels hier und ist es überhaupt ein Spiel? Was hat es für einen Sinn, Freundschaft mit dem Ego zu schließen? Wer und was ist Gott, Seelenplan und dieses ganze Gedöns mit Aufstieg/Abstieg, 2012 und den Geschehnissen auf der Welt? Was ist Liebe und wieso sollte Gott in mir sein? Wieso sollte Gott überhaupt irgendwo sein?

Es tat einfach weh, und ich hatte das Gefühl einer nicht endend wollenden blutenden Wunde. Viele unbewusste verdrängte Emotionen und damit verbundenen Erlebnisse bahnten sich den Weg zur Oberfläche und drangen in mein Bewusstsein wie Efeu, der sich ungehindert der Widerstände überall ausbreitete. Ich wollte es einfach weg (aus dem Kopf) haben und am liebsten so tun, als ob gar nichts von dem wahr wäre und geschehen sei.

Eigentlich hatte ich mich doch ganz gut arrangiert, ich hatte Sicherheit in dem, wie ich reagieren würde, und dem, was dann als Resultat auf mich zukäme. Wieso also neue und andere Wege gehen? Das wäre doch viel zu anstrengend gewesen. Es war wohltuend und beruhigend zu wissen, dass jemand Schuld hatte und nicht alles an mir hing. Oder vielleicht doch? Was wäre denn, wenn ich wirklich auf alles Einfluss hätte und mein Leben ganz allein bestimmte?

Die ganze Zeit über flüsterte eine Stimme aus meinem Herzen: »Du kennst die Wahrheit, du weißt, dass alles in deinem Leben den Ursprung in dir selbst hat!«

Mist. Sie hatte recht. Ich kannte die Wahrheit und wusste, dass alles aus mir selbst hervorging und ein Teil von mir war und ich ein Teil von ihr. Dennoch fühlte ich mich alles andere als ein Schöpfer, der jederzeit eine andere Wahl treffen und die Segel neu setzen kann. Ich wurde unruhig und suchte Ablenkung im Außen.

Wie jeden Morgen erstellte ich mein Vereintes Chakra, verband mich bewusst mit meinem Herzen und meinem Ego. Ich fühlte mich anders und spürte das Schlüpfen von seltsamen Gedanken in mir. Abwehr und Misstrauen stiegen hoch. War ich tatsächlich als Kind das Opfer meiner Eltern oder hatte ich vielleicht selbst Schuld? Vielleicht bildete ich mir alles ein, und es war alles ganz anders, harmloser, nicht ganz so schlimm und meine Phantasie war einfach mit mir durchgegangen?

Mir wurde oft nachgesagt, ich sei ein Träumer, ein Traumtänzer, der die Welt nicht so haben und sehen will, wie sie nun mal ist. Gut so!, denke ich heute, sonst würde immer alles unverändert bleiben. Die Welt braucht Visionen und

Menschen, die über den Tellerrand schauen. Oft hatte ich mich gefragt, wie denn die Welt für mich als Kind war. War sie schön und reich oder eher anstrengend und bedrohlich?

Ich weiß nur, dass ich nie annehmen wollte, dass die Welt und die Menschen so sind, wie sie sind, und daran nichts zu ändern sei. Als Kind wusste ich nicht wie, aber ich wollte definitiv später vieles ganz anders machen.

Den Startschuss für meinen Systemausbruch erhielt ich 1999 von Petra Fischer. Damals hatte ich mich wie ein Vampir gefühlt mit einer unstillbaren Gier tief in mir. Wir waren Kollegen bei der Sparkasse, und eines Abends kamen wir ins Gespräch. Dabei erwähnte sie das innere Kind, und plötzlich machte es Peng! in mir. Mein ganzer Körper begann zu vibrieren, und mein Herz schlug voller Aufregung. Endlich hatte ich erhalten, was ich so sehnsüchtig gesucht hatte. Dieser Abend veränderte mein Leben völlig!

Wir wurden innigste Freunde und gingen einige Jahre ein großes Stück des Weges gemeinsam. Was wir beide damals nicht wussten, mein Weg ging ins Leben, ihrer aus dem Leben.

# meditation:
# vereintes chakra
# nach erzengel ariel

Ich atme Licht durch das Zentrum meines Herzens ein und öffne es zu einer wundervollen Lichtkugel. Ich lasse zu, dass ich mich ausweite.

Ich atme Licht durch das Zentrum meines Herzens ein und erlaube, dass es sich ausdehnt. Es dehnt sich durch mein Hals-Chakra und mein Solarplexus-Chakra aus und schafft ein vereinigtes Feld aus Licht in meinem Körper, durch meine Körper und um meine Körper herum.

Ich atme Licht durch das Zentrum meines Herzens ein und erlaube, dass es sich ausdehnt. Es dehnt sich durch mein Stirn-Cakra und mein Sakral-Chakra aus und schafft ein vereinigtes Feld aus Licht in meinem Körper, durch meine Körper und um meine Körper herum.

Ich atme Licht durch das Zentrum meines Herzens ein und erlaube, dass es sich ausdehnt. Es dehnt sich durch mein Kronen-Chakra und mein Basis-Chakra aus und schafft ein vereinigtes Feld aus Licht in meinem Körper, durch meine Körper und um meine Körper herum.

Ich atme Licht durch das Zentrum meines Herzens ein und erlaube, dass es sich ausdehnt. Es dehnt sich durch mein Alpha-Chakra über meinem Kopf und mein Omega-Chakra unterhalb meiner Wirbelsäule aus und schafft ein vereinigtes Feld aus Licht in meinem Körper, durch meine Körper und um meine Körper herum.

Ich erlaube der Welle von Metatron, zwischen ihnen zu räsonieren.
   ICH BIN eine Einheit des Lichts.

Ich atme Licht durch das Zentrum meines Herzens ein und erlaube, dass es sich ausdehnt. Es dehnt sich durch mein achtes Chakra über meinem Kopf und meine Oberschenkel aus und schafft ein vereinigtes Feld aus Licht in meinem Körper, durch meine Körper und um meine Körper herum.

Ich erlaube meinem Emotionalkörper, mit meinem physischen Körper zu verschmelzen.
   ICH BIN eine Einheit des Lichts.

Ich atme Licht durch das Zentrum meines Herzens ein und erlaube, dass es sich ausdehnt. Es dehnt sich durch mein neuntes Chakra über meinem Kopf und unterhalb meiner Waden aus und schafft ein vereinigtes Feld aus Licht in meinem Körper, durch meine Körper und um meine Körper herum.

Ich erlaube meinem Mentalkörper, mit meinem physischen Körper zu verschmelzen.
   ICH BIN eine Einheit des Lichts.

Ich atme Licht durch das Zentrum meines Herzens ein und erlaube, dass es sich ausdehnt. Es dehnt sich durch mein zehntes Chakra über meinem Kopf und bis unter meine Füße aus und schafft ein vereinigtes Feld aus Licht in meinem Körper, durch meine Körper und um meine Körper herum.

Ich erlaube meinem spirituellen Körper, mit meinem physischen Körper zu verschmelzen.
ICH BIN eine Einheit des Lichts.

Ich atme Licht durch das Zentrum meines Herzens ein und erlaube, dass es sich ausdehnt. Es dehnt sich durch mein elftes Chakra über meinem Kopf und bis unter meine Füße aus und schafft ein vereinigtes Feld aus Licht in meinem Körper, durch meine Körper und um meine Körper herum.

Ich erlaube meiner Überseele, mit meinem physischen Körper zu verschmelzen.
ICH BIN eine Einheit des Lichts.

Ich atme Licht durch das Zentrum meines Herzens ein und erlaube, dass es sich ausdehnt. Es dehnt sich durch mein zwölftes Chakra über meinem Kopf und bis unter meine Füße aus und schafft ein vereinigtes Feld aus Licht in meinem Körper, durch meine Körper und um meine Körper herum.
Ich erlaube der Christus-Überseele, mit meinem physischen Körper zu verschmelzen.
ICH BIN eins mit dem Licht.

Ich atme Licht durch das Zentrum meines Herzens ein und bitte die höchste Ebene meines Geistes, durch dieses Zentrum meines Herzens zu strahlen und dieses vereinigte Feld völlig auszufüllen.

Ich strahle an diesem heutigen Tage.
ICH BIN eins mit dem Licht.

*Nach einiger Zeit der Übung wird der Gedanke oder der Satz ausreichen: Vereinigtes Chakra jetzt!*

*Tashira Tachi-ren: Der Lichtkörperprozess*

Oft hatte ich mich in Frage gestellt, an mir gezweifelt und mir Vorwürfe gemacht. Doch diesmal erkannte ich ziemlich schnell, welcher fahrende Zug sich mir darbot. Diese Einladung des Leugnens, mich weniger Machens, an meiner Wahrheit Zweifelns und mich wieder im Selbstmissbrauch Befindens, lehnte ich dankend ab.

Ich komme aus einem verworrenen System, wo das, was gefühlt wurde, nicht sein durfte und die Wahrheit verdeckt werden musste. Aufgrund dieser Energien entwickelte ich als Kind eine Angst vor meinen eigenen Gefühlen und Wahrnehmungen, die sich später darin äußerten, dass ich mich ständig selbst in Frage stellte. »Ist das richtig, was ich gerade wahrnehme? Kann ich dem trauen?« usw.

Lange Jahre fiel es mir schwer, anzunehmen und darin zu vertrauen, dass Gott nur das Beste für mich will und es mir auch geben möchte. Viel zu oft hatte meine Mutter ihre Wut und ihren Ärger an mir ausgelassen und mich damals als Ventil benutzt. Wo war Gott? Wieso ließ er dies zu?

Viele Jahre suchte ich nach einer Antwort. Jetzt, da die Wunden fast ausgeheilt sind, spüre ich die Antwort in meinem Inneren. Die Erlebnisse meiner Kindheit hatten tiefe Furchen in meinem Herzen hinterlassen, und noch heute entdecke ich feinste Narben und Verästelungen in meinen Systemen. Es war ganz bestimmt nicht ihre Absicht, und ich denke, wenn Eltern wirklich wüssten und in der Tiefe begreifen könnten, was sie ihren Kindern manchmal antun und was es für einen Einfluss auf deren weiteres Leben hat, würden sie in Tränen ausbrechen. Sei dir bewusst, als Kind hattest du keine andere Wahl, und es war nicht Deine Schuld!

Als Erwachsener hast Du eine Wahl und Du hast es in der Hand, wie viel Macht Du den Anderen über Dich geben möchtest. Ja, die Welt kann grausam und unsicher sein, aber auch nur, wenn Du sie so sehen möchtest und bewusst oder unbewusst alles Mögliche unternimmst, damit es auch Wirklichkeit wird. Wie wäre die Welt, wenn Du jeden Tag ein Lächeln auf den Lippen hättest und das Gefühl, dass Du sicher und geborgen bist?

Nutze Deine Chancen und beginne, Deine Schatzkammer mit kostbaren Perlen zu füllen. Meine kostbarsten Perlen holte ich aus meinen tiefsten Tiefen.

Für den Prozess der Heilung ist es wichtig, dass Du lernst, das Verhalten von der Person zu trennen. Wir alle sind auf der Suche nach Heilung, Freude, Glück, Freiheit und Liebe. Jeder Mensch sehnt sich nach Geborgenheit, Sicherheit und liebende Arme, die ihn bedingungslos und wertfrei annehmen. Diese innere Sehnsucht verleitet uns Menschen dazu, unbewusst Dinge auf andere zu projizieren oder Dinge an anderen über die Maßen zu bewundern, die wir doch selbst auch in uns tragen.

Entdecke Verworrenes und bringe es in Ordnung, damit dienst Du Dir und der Welt am meisten. Je mehr Qualitäten und Potenziale Du entdeckst und sie auszuleben erlaubst, umso mehr wirst Du Menschen und Situationen begegnen, die Dir das entgegenbringen und Dich darin spiegeln. Beginne, das Wunder und die Großartigkeit eines jeden Einzelnen zu sehen und anzunehmen. Lass es eine Richtschnur für Dich sein, und falls es mal nicht geht, frag Dich, was würde die Liebe tun?

## *Heilung im Herzen – sich selbst verzeihen*

Mit klarer Absicht und dem JA zur eigenen Wahrheit blickte ich gnädig und liebevoll auf mich, meine Vergangenheit, all die kreierten Ereignisse und Handlungen. Ich war von Liebe erfüllt und spürte das Ego so nah und warm. Es war ein tolles Erleben, wie zwei alte Freunde, die sich wissend auf die Schulter klopften und sich dann voller Rührung in die Arme fielen. Mein Herz weitete sich noch mehr, tiefes Mitgefühl und Gefühle der Freundschaft für mein Ego flossen durch meinen Körper, meine Zellen und Energiebahnen. Ich war glücklich, auch wenn ich nicht genau wusste, was dies nun für mich bedeutete. Würde sich nun alles ändern? Würden sich meine Sorgen und Ängste in Luft auflösen?

Es war mir gleich, ich fühlte mich einfach erfüllt und mit mir, meinem Herzen vereint. Ganz gleich, wie ich früher gehandelt hatte, ganz gleich, aus welchen Gründen ich dies oder jenes getan hatte, jetzt erst hatte ich eine Wahl, und es lag ganz allein in meinen Händen, wie ich die Welt erfahren würde, denn ich war plötzlich Schöpfer meiner Erfahrungen.

Es ist wichtig, die Götter in ihrer Verantwortung für sich zu belassen. Beginne, Dich auszusöhnen mit Dir selbst und finde Deinen Frieden. Ein Verbrechen ist ein Verbrechen! Was Dir als Kind Zerstörerisches widerfahren ist, war und bleibt ein Verbrechen, sei es seitens der Familie oder anderer Menschen. Dies gilt es nicht zu entschuldigen, sondern es gilt, einen heilsamen Weg für Dich im Umgang damit zu finden. Es gilt, der Kleinen/dem Kleinen in Dir und damit Dir selbst zu verzeihen und zu begreifen, dass Du keine Chance hattest. Als Kind hatte ich alles getan, was mir möglich war. Trotz allem war es ein Geschenk, diese Eltern zu haben, auch wenn ich es mir anders gewünscht hätte. Sie lehrten mich, einen starken Willen und Durchhaltevermögen zu entwickeln, schulten mich, dran zu bleiben, mich nicht in die Irre führen zu lassen und meinem Herzen zu vertrauen. Ich habe überlebt, und mein Kind ist heil geblieben. Das ist alles, was zählt.

## Die innere Frau – der innere Mann

Das Pendant zur inneren guten Mutter und dem inneren guten Vater sind die innere Frau und der innere Mann.

Wir Männer bestehen zu 51% aus männlichen und zu 49% aus weiblichen Energien, bei Euch Frauen ist es genau umgekehrt. Das heißt, in der Essenz sind wir vollkommen gleich, nur das eine Prozent bewirkt den scheinbar großen Unterschied und beeinflusst unseren Ausdruck. Umso wichtiger ist es, genauer hinzuschauen und sich klar zu machen, dass wir viel zu lange das eine Prozent hochgehalten und uns an diesem orientiert haben. Jetzt ist es daran, auf die übrigen 49% Gemeinsamkeiten zu blicken und zu entdecken, was für Geschenke für uns als Menschheit darin liegen.

Aufgrund der Gesellschaftsstruktur hatten sich die meisten Männer ausschließlich auf das eine Prozent »mehr« ausgerichtet, sich vorwiegend sich auf ihren rein männlichen Aspekt konzentriert und somit dem inneren Mann das Steuer überlassen. Struktur, Geradlinigkeit, Zielgerichtetheit, Kraft und Stärke sind die maßgeblichen Qualitäten dieser Energie.

Da das Universum kein Vakuum oder Ungleichgewicht zulässt, haben die Frauen ihren Fokus größtenteils auf den weiblichen Aspekt gerichtet und somit der inneren Frau das Ruder überlassen. Nähren, Versorgen, Hingabe, Dienen und Kreativität sind die maßgeblichen Qualitäten dieser Energie.

Erst die Emanzipation der Frau rüttelte kräftig an diesen eingefahrenen und unflexiblen Strukturen. Die Frau begann, sich vom Dienen gegenüber dem Partner (was meistens ein Bedienen war) zu lösen und entdeckte ihren eigenen inneren Mann und damit den Wunsch, mehr sich selbst zu dienen. Diese Hinwendung zum eigenen inneren Mann führte zur starken Entwicklung von Kraft und Durchsetzungsvermögen, trotz aller Widerstände ihre Bedürfnisse offen darzulegen und auch einzufordern.

Wie bei einem Pendel sind viele Frauen dabei in das andere Extrem übergegangen und haben vorwiegend dem inneren Mann die Leitung überlassen. Das machte zuerst auch Sinn, da dieser Aspekt in den letzten Jahrhunderten zu kurz gekommen war. Doch damit war das Ziel noch nicht erreicht, sondern die Reise hatte erst begonnen.

Für viele Männer war und ist es nicht immer leicht, mit diesem Aspekt der Frau umzugehen; vor allem mit Frauen in Führungspositionen. Dieses Einfordern und offen Darlegen des inneren Mannes der Frauen zwingt uns Männer unweigerlich, uns mit unserer inneren Frau und somit unserer weiblichen Seite auseinanderzusetzen, ob wir das nun wahrhaben wollen oder nicht.

Auch hier wirkt das universale Gesetz der Balance. Das weibliche System ist ein vielschichtiges und nicht so gradlinig und vorhersehbar wie das Männliche. Du kannst Dir das Weibliche als einen Bogen vorstellen und das Männliche ist der Pfeil. Ohne den Bogen kann der Pfeil zwar auch in Richtung Ziel steuern, doch die Effektivität und Treffsicherheit ist fraglich. Auf der anderen Seite: Was nützt ein Bogen, wenn er keinen Pfeil zum Abschießen hat? Auch hier sind die Effektivität und das wirkliche Erreichen eines Ziels fragwürdig. Der Bogen und der Pfeil können nur gemeinsam ihre Bestimmung erfüllen und somit von Nutzen sein.

Als Menschen haben wir Pfeil und Bogen in die Wiege gelegt bekommen. Durch Begegnung, Konfrontation und Vereinigung als Mann und Frau können wir diese Aspekte genauer kennen lernen. Wir haben uns auf der Erde die einmalige Gelegenheit kreiert, diese Aspekte von Pfeil und Bogen detailliert und einzeln studieren zu können. Nun befinden wir uns alle in der Diplomarbeit und können mit einem Doktortitel abschließen. Doch dafür bedarf es wieder der Zusammenführung dieser Einzelteile zu einer homogenen fließenden und ausbalancierten Form, innerlich und im äußeren Ausdruck. Vertrauen auf beiden Seiten ist maßgeblich für diesen Schritt. Da sind wir Männer wie auch Ihr Frauen aufgefordert, die eigenen Denk- und Glaubenssysteme neu zu untersuchen, mögliche Störfelder zu harmonisieren, Hindernisse aus dem Weg zu räumen und somit die Wege frei zu machen für eine tiefe Begegnung mit uns selbst und einer eventuellen Neuausrichtung. Bei diesem Prozess geht es nicht darum, etwas zu verlieren, sondern darum, Gutes hinzuzugewinnen.

Ich kann mir vorstellen, dass für viele Männer die Angst, den Überblick und damit die Kontrolle zu verlieren, groß ist. Ich kann Euch trösten: Den Frauen geht es ähnlich, was das Thema Angst betrifft. Bei vielen ist es eher die Angst vor dem Animalischen und Zerstörerischen, was dem männlichen Aspekt zugeordnet wird.

Ihr seht, wir alle sitzen im gleichen Boot, nur auf der jeweils anderen Seite. Da dieser Prozess viel mit Gefühlen zu tun und Mann sich darauf einzulassen hat, sind in unseren Seminaren die Frauen momentan noch stärker vertreten. Einlassen, Zulassen, Umsorgen und Fließenlassen sind Aspekte der weiblichen Energie, hier macht sich das eine Prozent bemerkbar.

Aber es ändert sich, und die Männer holen auf, wie ich in unseren Workshops sehen kann. Ich beobachte, dass es den heutigen heranwachsenden Männern viel leichter fällt, Gefühle zuzulassen und auch offener mit ihnen umzugehen, ohne sich dabei blöd vorzukommen.

Bei homosexuellen Menschen ist diese Kluft von innerer Frau und innerem Mann noch deutlicher zu beobachten. Da ist der innere Mann bei den Frauen meiner Generation und älter so präsent, dass er sich ganz stark im äußerlichen Erscheinungsbild, Bewegungsablauf und Umgangston zeigt. Ich glaube, dass hier auch der Begriff von Mannsweibern sehr passend ist. Bei den Männern ist es oft andersherum, da hat die innere Frau eindeutig das Zepter in der Hand. Doch auch hier ist der Wandel voll im Gange, und die jüngeren Generationen haben einen ganz anderen Ausdruck und Umgang mit diesen Energien. Da das Pendel sich dort nicht in solchen Extremen wie bei den Heterosexuellen bewegt hat, ist die Welle nicht so groß und der Weg zur Balance vielleicht leichter.

Ganz gleich, welcher sexuellen Orientierung Du ange-
hörst, jeder von uns ist dazu aufgerufen, sich dieser zwei
Kräfte bewusst zu werden und sie in sich in Einklang zu bringen. Die Natur des Pendels veranschaulicht die Dynamik eines Veränderungsprozesses sehr gut. Zuerst zeigt es gerade
nach unten auf einen Punkt. Durch einen Impuls schwingt
es in die eine oder andere Richtung. Je nach Stärke kann es
extrem weit hoch schwingen. Um in die Mitte zu kommen,
braucht es eine Ausgleichsbewegung. Diese muss sich nicht
unbedingt im gleichen Extrem äußern wie die zuvor, dennoch wird es kurzfristig eine Bewegung in die komplett andere Richtung geben. Außerdem braucht es etwas Zeit, bis
sich die Bewegungen ausgeglichen haben und es zum ursprünglichen Zustand zurückkommt.

Wenn Du Dich als Mann schwach, ausgelaugt und total
energielos fühlst, frag doch einfach mal Deinen inneren
Mann, wie es ihm geht und als Frau Deine innere Frau. Ich
wette, dass Du sehr überrascht darüber sein wirst, was für
Antworten Du bekommst.

In Beratungen erlebe ich, dass bereits die Tatsache, dass es
so etwas wie diese zwei Aspekte gibt, eine Überraschung ist.
Wie sehr strengst Du Dich oft als Frau an, den Job, die Familie, den Haushalt unter einen Hut zu bringen? Bestimmt
fühlt sich Deine innere Frau oft ziemlich alleingelassen und
wünschte, jemand würde sie unterstützen. Warum macht sie
eigentlich den Job ganz alleine? Wie wäre es, wenn ihr der
innere Mann einiges abnehmen und vielleicht mal mit der
Hand auf den Tisch hauen und die Aufgaben in der Familie
neu verteilen würde? Dann könntest Du entspannen, hättest mehr Zeit für die Erfüllung Deiner Bedürfnisse, ohne
ein schlechtes Gewissen zu haben, da alle im Guten eingebunden sind und der Familie im Ganzen dienen.

Als Mann schuftest Du, Du beschützt Deine Lieben und Du machst alles für Deine Familie, Du treibst Deine Karriere voran und butterst viel hinein. Wo bleibt da Zeit für Romantik, Zärtlichkeit und Nähe? Wie sieht es mit Deiner inneren Frau aus, die gerne empfangen und sich hingeben würde? Wusstest Du überhaupt, dass es diesen Anteil in Dir gibt? Wie geht es ihr, was würde sich Deine kreative weibliche Seite wünschen?

Es gab eine Zeit, in der wir der rechten Gehirnhälfte und dem Weiblichen extrem viel Raum gegeben haben. Danach entschieden wir uns als Kollektiv, in das andere Extrem zu gehen und dieses zu erforschen. Diese Zeit hat nun ein Ende, wir haben genug erforscht, erkannt und emotional-körperlich erfahren. Jetzt geht es wieder hin zur Mitte und zur Verschmelzung beider Pole in uns. Erst wenn wir diese zwei Aspekte in uns vereinen und das Kriegsbeil begraben, werden wir Frieden finden und diesen in die Welt tragen.

Die Welt besteht aus männlichem und weiblichem Pol, alles beinhaltet das Prinzip Geben und Nehmen, Rezeptivität und Aktivität. Um ausgeglichen zu sein, brauchen wir die Qualität von Empfänglichkeit und Zielgerichtetheit. Natürlich kannst Du lange Zeit meditieren und Dir den Traummann oder die Traumfrau herbeiräsonieren und darauf bauen, dass es eines Tages an der Tür klingelt und Mister oder Miss Perfect davor steht. Die Suche nach dem Traummann oder der Traumfrau ist vergebens, denn es ist ein Traum. Jeder Partner, den Du Dir erwählst, ist der Richtige. Vielleicht nur für eine Nacht, für drei Monate, für einige Jahre oder ein ganzes Leben.

Männern macht das Weibliche oft Angst, weil es so unberechenbar und ausufernd scheint. Doch ich kann Euch aus eigener Erfahrung versichern: Das Weibliche hat System und

Struktur. Das mag für Dich als Mann nicht gleich ersichtlich sein, doch die Struktur liegt in der Vielschichtigkeit. Wenn wir ausschließlich unserer inneren Frau Raum geben, werden wir nicht wirklich vorwärts kommen, sondern uns permanent ergießen im Geschehenlassen und totaler Rezeptivität. Wiederum nur den inneren Mann zu leben, hielte uns in einer ständigen Aktivität gefangen, nur um voranzukommen, ohne die Qualität des Betrachtens und Ausruhens leben zu können. Also würden wir entweder ständig empfangen oder ausschließlich jagen.

Ich kann nur geben, wenn ich zuvor etwas erhalten habe. Ist dies aus dem Gleichgewicht, brenne ich langsam aus und bin am Ende meiner Kapazitäten. Es liegt an Dir zu entscheiden, wann Du was und wie viel davon brauchst. Wann ist es ratsam, den inneren Mann, wann die innere Frau auf die Bühne zu bitten und wann beide im Zusammenspiel?

Im Straßenverkehr ist meines Erachtens, dem inneren Mann das Steuer zu übergeben, höchst dienlich. Ich habe ein Ziel, und dort will ich zu einer bestimmten Zeit ankommen. Ausgangsbasis und alles, was es dafür braucht, ist geklärt. Ab ins Auto und los. Die Qualitäten des Nährens, Zulassens und Empfangens sind gerade nicht gefragt und eher hinderlich. Die Autobahn ist ein gradliniger Aspekt mit einem klaren Ziel. Das Auto ist der Pfeil und die Autobahn die Pfeilrichtung. Hier sind die Qualitäten der inneren Frau erst mal nicht zu gebrauchen, außer es geht darum, Pausen zu machen, sich zu stärken oder nach dem Weg zu fragen. Je mehr Du die beiden in Dir zueinander kommen lässt, desto vollständiger und flexibler wirst Du Dein Leben beschreiten können. Mit einem kompletten Paar Schuhe lässt sich der Kilimandscharo auch leichter erklimmen.

## Ohne Bewusstsein geht es nicht

Viele Menschen pilgern von einer zu anderen Methode und erhoffen sich Heilung. Wie Pilze aus dem Boden sprießen neue Formen und Techniken mit oft wundersamen Namen und versprechen einzigartige Wirksamkeit. Einige der Übermittler sehen sich sogar als einer der ersten und einzigen Menschen, die diese Methode empfangen oder herausgefunden haben. Manche glauben auch, dass nur sie die Heiltechnik auf die Erde bringen können oder gebracht haben. Darüber hinaus wird alles sofort per Copyright geschützt und, wenn notwendig, vor Gericht gegangen, um sein Eigentum zu schützen, obwohl wir eigentlich alle Eins sind.

Ich frage mich, um was es hierbei wirklich geht. Geht es um Heilung? Sicher.

Aber wer braucht denn in erster Linie Heilung? Alle Methoden sind für mich eine Art Impulsgeber, auf dass der Mensch eine neue Erfahrung machen darf und dies eine Öffnung für das scheinbar Unsichtbare schafft. Auch die Mujas sind reine Werkzeuge, die es schon vor meiner Zeit des jetzigen Lebens gab. Ganz gleich, wohin Du gehst, was Du Dir Neues aneignest und ausprobierst, Du kannst Dir gewiss sein, ohne Dich wird es nicht funktionieren. Ich selbst habe Jahre damit verbracht, einen schnellen Weg aus dem Schmerz, der Trauer, Wut und all den anderen Verletzungen zu finden, sowie alte Prägungen, Denk- und Glaubensmuster loszuwerden. Meine Erkenntnis ist, dass kein Weg am bewussten Wahrnehmen vorbeiführt. Jeder Heiler und jede Methode, die Dir dies anbietet, prüfst Du bitte ganz genau. Was ist deren wirklicher Nutzen?

Die meisten Menschen hätten am liebsten eine Person, die ihnen sagt, was sie tun oder lassen sollen. Am liebsten darf es jemand sein, der einfach seine Hände auflegt oder ein Gebet spricht oder mit den Fingern schnipst, und weg ist das Problem. Vielleicht eine Person, die sie anhält, bestimmte Kurse zu besuchen, dies oder jenes zu essen, diese und jene Technik sieben Tage lang anzuwenden und sich dadurch von allem Negativen ganz und gar bis in alle Inkarnationen zu befreien. Wenn Du so ein Mensch bist, dann könnte ich es gut nachvollziehen, wenn Du mein Buch nicht weiterempfehlen würdest. Solche Menschen wollen gar nicht genau wissen, warum oder wieso etwas bei ihnen so ist, wie es ist. Sie wollen einfach ein Rezept, eine Anleitung und dies – bitte –, ohne wirklich selbst etwas dafür zu tun. Wer weiß, vielleicht wird es die Selbsterkenntnis irgendwann in der Apotheke zu kaufen geben. Doch bis dahin musst Du Deinen Weg selbst gehen, und jeder Mensch, der etwas anderes behauptet, hat in meinen Augen noch nicht sein Tal der Tiefe erreicht.

Es gibt vieles, was uns im Prozess unterstützt und den Weg erleichtert, doch es erkennen und uns dessen bewusst werden müssen wir letztendlich allein. Es wird der Punkt in Deinem Leben kommen, wo es für Dich nicht anders geht, als Dich, Dein Ego und Dein inneres Kind an die Hand zu nehmen und ins Dunkle und scheinbar Ungewisse zu springen, wenn Du in Deiner Essenz ankommen willst. Manchmal kann dies bedeuten, dass wir mehr als nur einmal diesen Sprung von der Klippe in die Dunkelheit und ins Nichts wagen müssen. Das Einzige, was mich darin ermutigt, sind die Liebe in meinem Herzen und das Vertrauen ins Leben und in Gott. Dieses Vertrauen kann nur aus Dir heraus entwachsen.

Du kannst die Muja 3 »Kraft und Vertrauen« nutzen, doch sie ist kein Ersatz für diese Ressourcen. Sie hilft Dir, in den

Momenten des Zweifels und des fehlenden Zugangs dazu, in die Bewusstwerdung der Fähigkeit in Dir zu kommen. Mag sein, dass sich das Erlebte, während Du die Muja nutzt, sofort wandelt und Du Erleichterung und Heilung erfährst. Doch diese Wandlung ist nur möglich, weil Du eine klare Absicht mit der Wahl der Muja gesetzt und eine Bereitschaft für das Übernehmen der Verantwortung für Dein Leben signalisiert hast. Je mehr Du in die Eigenverantwortung gehen magst und je mehr Du die Konsequenzen für Deine Wahl übernimmst, umso intensiver und umfassender ist deren Wirkung und Transformationskraft.

Die Mujas haben Verknüpfungen mit verschiedenen Energiesystemen und arbeiten mit Galaktischen Systemen zusammen. Du bestimmst durch Deine Bereitschaft und Offenheit zur Wandlung deren Intensität und Wirkung für Dich. Sie werden die Verbindungen schaffen, für die Du von Herzen gebeten hast, und sie werden Dir bei Deiner Transformation der Emotionen und Klärung des Geistes behilflich sein. Als Paare stehen sie sinnbildlich für die Mitte, das Sowohl als Auch.

Heilung bedeutet, zu erkennen und anzunehmen, dass alles auf der Welt eine gute Absicht beinhaltet und der Weg ins Heilsein über die Mitte führt. Wenn Du immer noch einem Aspekt der Welt mehr Bedeutung gibst und den anderen als weniger erachtest, verurteilst, weghaben und vernichten willst, bleibst Du gefangen in Leid, Krieg und Zerstörung. Und Du wirst weiterhin auf der Suche nach Heilung, Erlösung, Befreiung und letztendlich Dir selber bleiben. Es wird nie genug sein, und nach Deiner Sichtweise werden es die Anderen immer besser haben als Du. Die Zeit, sich Führer und/oder andere Eltern im Schafspelz zu suchen, ist vorbei. Fang an, Dein Gehör für Deine eigene innere Stimme zu schulen, denn die Wahrheit ist nur in Dir. Mag sein, dass Du dies und jenes mit vielen anderen Menschen teilst, doch das ist kein Zeichen von Wahrheit. Es ist einfach eine Aussage, die viele Menschen in Resonanz bringt und ihnen ein angenehmes Gefühl schenkt. Sei es ein Gefühl von Verständnis, Geborgenheit und/oder Sicherheit. Das ist auch gut so, und dennoch ist es eine Sichtweise. Bist Du mit Deinem Herzen in Verbundenheit, werden alle Deine Entscheidungen auf Liebe begründet sein, und Du wirst immer wissen, ob Du nur für Dich oder auch zum Wohle aller entscheidest und danach handelst.

Die Seele erfährt sich in unserer Dimension über das Gefühl, welches sich körperlich erleben lässt. Die einzigen Zustände, die unsere Seele wahrnimmt sind: angenehmes oder unangenehmes Gefühl. Beides hat für die Seele eine Gleich-Wertigkeit und jedes seine Berechtigung. Sobald Du bewertest und einem Pol mehr Bedeutung zukommen lässt, schaffst Du selbst ein Ungleichgewicht und somit eine Form von Disharmonie in Deinem Leben. Dann ist es wieder Deine Aufgabe, in den ursprünglichen Zustand der Wertfreiheit und Unschuld zu gelangen. Herauszufinden, was Dich dazu bewegt hatte, eine »Unordnung« zu schaffen, liegt bei Dir. Heilung ist nichts anderes, als etwas wieder in die Ordnung zu bringen. Dies geht am leichtesten, wenn die Methoden und Techniken, die Du dafür anwendest, diesem Schöpfungsprinzip der Gleich-Wertigkeit entsprechen. Gott ist eine endlose Spirale der Liebe, die uns immer wieder aufs Neue noch tiefere Einsichten und Erkenntnisse schenkt, auf dass wir ihr immer ähnlicher werden können.

Ich war einst in einem Yogakurs und wollte mir zusammen mit Christina etwas Gutes tun. Wir hatten das Gefühl, dass unser Körper zu kurz kommt und Yoga ideal für ihn sei. Der Gedanke war auch stimmig, und unsere Körper waren in heller Vorfreude. Blöd war nur, dass wir beide uns nach dem Kurs ohne einen offensichtlichen Grund in den Haaren hatten.

Zuvor hatte ich erlebt, wie bei einem Vortrag auf einer großen spirituellen Veranstaltung eine angeblich Erleuchtete Unterweisungen gab. Ich kam bereits über einen Flyer mit dieser Person in Kontakt und hatte sogleich ein inneres Störgefühl. Vielleicht kennst Du das auch, irgendwie empfindest Du etwas sehr seltsam, obwohl Du die Person oder das Produkt gar nicht kennst.

Ich sprach mit einer guten Freundin und Heilerin über dieses Erlebnis und brachte ihr den Flyer mit. Ihr ging es ähnlich, und wir beide konnten wahrnehmen, dass bereits das Halten des Flyers einen Sog bewirkte, und wir sahen energetische Schnüre, die sich an unser Energiefeld andocken wollten. So ergriff ich auf dieser Veranstaltung die Gelegenheit, dem nachzugehen und zu erforschen, was da eigentlich los ist. Die Person erwartete uns bereits im Schneidersitz auf dem Tisch sitzend. Ich nahm ganz vorne Platz, und der Raum füllte sich sehr schnell. Obwohl sie mit der Unterweisung noch nicht begonnen hatte, schwirrten Tausende von Schnüren bzw. Sonden auf mich los. Ihr Ziel war mein Kopf, wo sie sich gerne einpflanzen wollten. Ich stellte mir eine riesengroße Kreissäge oberhalb meines Kopfes vor, die den Schnüren den Zugang verwehrte, indem sie ihnen die Köpfe absägte. Ich konnte sehen, dass hinter dieser Person eine andere Macht die Fäden in der Hand hielt. Auch wenn die Person ein gutes Herz hatte, war ihre Sicht einfach getrübt und verschleiert. Vielleicht war die Sehnsucht nach der Erlösung und Heilung so groß, dass sie sich täuschen ließ. Vielleicht wusste sie auch um die Macht hinter sich. Wie auch immer, für mich gibt es verschiedene Stufen von Erleuchtung. Nach einiger Zeit ging die Person im Raum herum und bat uns, sich auf eine von ihr geführte Meditation einzulassen, da noch viele Menschen im Raum seien, die sich nicht ganz geöffnet hätten. Ich dachte mir nur, kein Wunder und Gott sei Dank! Der Meditation konnte ich nicht folgen, da ich einen Großteil meiner Energie auf meine Kreissäge gerichtet halten musste, weil ich sonst glatt untergegangen wäre.

Doch zurück zur Yogastunde. Es dauerte eine Zeit, bis wir begriffen, dass da etwas faul war. Wenn Du etwas nicht weißt, kannst Du es oft auch nicht sehen. Ich untersuchte unsere Köpfe und entdeckte jeweils hinter unserem rechten Ohr eine kleine Sonde. Das Herausziehen war etwas schmerzhaft, doch sogleich konnten wir beide durchatmen und uns wieder spüren. Ich erinnerte mich, dass in dieser Praxis der gleiche Flyer auslag, und uns wurde sofort klar, dass dies der Absender der Sonde war. Ich dachte mir, jetzt wo wir darum wissen, sind wir geschützt. Pustekuchen. Obwohl ich in der nächsten Stunde während der Yogaübungen die Sonden wieder sehen konnte und innerlich ein klares Stoppsignal sendete mit der Anweisung »zurück an Absender«, hatte ich keine Chance. Heute hätte ich die Person in der Sitzung darauf angesprochen, damals machte ich mir noch zu viele Gedanken, dass die Person vielleicht nicht darum wusste oder es ihr unangenehm wäre und dann auch noch vor allen Leuten, dass ich die Stunde stören würde und zum Schluss vielleicht noch als Spinner dastünde. Somit befand ich mich im Selbstmissbrauch, um das bemüht, was den anderen gut tat, auch wenn ich selbst darunter litt.

Als wir aus dem Kurs draußen waren, trat wieder das gleiche Phänomen zwischen uns auf, wir bekamen uns in die Haare. Ich schaltete auch nicht sofort, dass dies wieder aus demselben Grund wie beim letzten Mal geschah, da ich überzeugt war, während der Yogastunde gut auf mich und Christina aufgepasst zu haben. Diesmal hatten wir ein kurzes Gefecht im Fahrstuhl, und als wir draußen waren, entdeckte ich wieder bei uns beiden eine kleine Sonde hinter dem rechten Ohr. Sie bewirkte, dass wir uns selbst nicht mehr spüren konnten und auch keinen wirklichen Kontakt zueinander halten konnten. Es verleitete uns, in das »Ich weiß es besser« oder »Meins ist richtiger« zu gehen, sprich: in die Trennung.

Wenn wir uns in der Trennung befinden, hat die Wahrheit keinen Zugang mehr, und wir finden uns im Täter-Opfer-Spiel. Angst macht sich breit, und damit werden Menschen empfänglicher für Manipulationen. Natürlich hatte nicht alleine die Sonde diesen Zustand in uns bewirkt, sie hatte nur an das »entweder oder« angeknüpft, das sich noch in unerlöster Form in uns befunden hatte. Die erlöste Form für mich sieht so aus, dass ich nicht im »Entweder Oder« verhaftet bleibe, sondern mein Bewusstsein unmittelbar auf das »Sowohl als Auch« richte und mich damit für die gute Absicht öffne und eine Win-win-Situation bewirken kann. Frieden und Heilung darf geschehen, wenn wir zuerst allen Aspekten in unserem Leben einen wertigen Platz geben, nach dem Wohle aller schauen und danach handeln. Zu schauen, was Dein Anteil an einem Konflikt ist, was Du nicht wahrhaben willst, leugnest und/oder ablehnst, ist der beste Schutz. Wenn Du um Deine roten Knöpfe, Deine Abgründe, Ängste, Sehnsüchte und Urteile weißt, kann keiner bei Dir energetisch andocken. Damit verblasst auch der Resonanzboden und die Spiegelungen im Außen werden unnötig. Denn Du bist bei Bewusstsein, kannst somit eine Wahl treffen und Dich für eine andere Straße entscheiden.

Wir alle erfahren Heilung in unterschiedlicher Art und Weise. Was für den Einen gut ist und funktioniert, kann bei dem Anderen wiederum ganz anders sein. Deshalb gibt es heutzutage auch so viele Angebote und Möglichkeiten. Umso wichtiger ist es, achtsam zu sein und auf Dein Inneres zu hören. Gerne lassen wir uns auch vom Glanz eines Menschen blenden, und erst im Nachhinein können wir die Wirklichkeit dahinter erkennen. Auch das ist ein Weg der Heilung. Jede Ent-täuschung ist ein Schritt in die Klarheit und Wahrheit. Nimm es als Segen und verzeihe Dir selbst, dass Du dieses Mal Dich noch hast täuschen lassen.

Manchmal ist die innere Sehnsucht so groß, dass wir uns riesig freuen, endlich »etwas« gefunden zu haben und gewisse Zeichen und Wahrnehmungen beiseiteschieben, die uns warnen wollten. Vielleicht wusstest Du gar nicht, dass es eine solche Sehnsucht in Dir gibt. Daher danke innerlich dieser Person und wende Dich Dir selbst zu. Für mich gibt es keinen Menschen, der mit allem fertig ist. Sogar der Dalai Lama ist nur ein Mensch wie Du und ich. Er muss sich auch mal kratzen und aufs Klo gehen. Heilung bedeutet, Dir Raum zu geben, einfach Mensch zu sein. Sobald Du versuchst, irgendwie anderes zu sein, als Du momentan bist, überforderst Du Dich. Du kannst noch so oft Deinen Fokus auf Liebe und Licht richten, positiv Denken bis zum Abwinken und Klopapierrollen mit positiven Affirmationen beschriften, es wird an dem Gefühl, welches aus einer dunklen Höhle in Deinem Inneren kommt, nichts ändern. Diese Dinge stärken Deine Kraft und Dein Vertrauen in Dich und das Leben, doch sie werden Dich nicht vor Schmerz, Angst und Enttäuschung bewahren können. Erst mit dem Schritt, Dir zu erlauben, dass der Schmerz aufsteigen darf und diesen dann bewusst in Liebe zu Deinem Herzen zu führen, schafft wirkliche Heilung. Der beste Schutz ist, innerlich allem im Leben einen Platz zuzugestehen und wertfrei darauf zu blicken.

»Ja, auch du bist ein Teil meines Lebens, auch wenn ich vielleicht nicht gerade weiß, wie mit dir umzugehen ist.«

Dieser Satz schafft Begegnung und öffnet uns für eine tiefere Wahrheit, die uns nicht immer gleich zugänglich ist. Beginne, alle im Leben als Freunde zu betrachten, seien es Viren, Bakterien, Pilze usw. und gestehe ihnen ein Bewusstsein, eine Form von Intelligenz zu. Denn warum hast ausgerechnet Du dies oder jenes und Dein Nachbar, Partner oder Kollege nicht? Weil Du Dich erwählt hast, einen Beitrag für die Liebe zu tätigen. Je mehr wir aufhören, zu kämpfen und zuzulassen, desto leichter werden wir in das Reich Gottes einkehren und Segnungen erfahren.

Es gibt verschiedene Meridiane (Energiebahnen), die zu Deiner Gesunderhaltung beitragen. Die verschiedenen Körpermeridiane sind Dir bestimmt bekannt und bereits in vielen Büchern nachzulesen. Es gibt zwei weitere Energiesysteme, die noch nicht so populär sind und für unsere Entwicklung bedeutsam sein können, da sie gezielt mit Bewusstwerdung zu tun haben. Zum einen sind es die Seelenmeridiane, die sich »tiefer« bzw. auf feinstofflicher Ebene befinden und von der Gemeinschaft der Erzengel erläutert und von Johanna H. Mildenberger notiert wurden. Zum anderen gibt es die Herz-Meridiane, die sich sozusagen zwischen den Körper- und Seelenmeridianen ebenfalls auf feinstofflicher Ebene befinden. Diese Meridiane habe ich 2007 von Erzengel Raphael durch die Gemeinschaft der Erzengel erhalten. Sie dienen dazu, den Fluss der Liebe in unserem Körpersystem zu steigern und stehen in unmittelbarer Verbindung zu unseren Organen und den Themen dahinter.

In meiner Erforschung dieser Methode, die zuerst für die Einzelbehandlung gedacht war, entwickelte ich ein Format, das dies einer großen Gruppe in Form einer Meditation zugänglich macht. Die Beobachtungen zeigen, dass zusätzlich zum Gefühl von Einssein Heilungsprozesse in Gang kamen, die sich bei jedem anders ausdrückten. Jeder der Teilnehmer wurde an dem für ihn wichtigen Punkt abgeholt und erhielt tiefe Erkenntnisse und somit Heilung bei dem Thema, das gerade für ihn dran war. Mir wurde berichtet, dass sie gar nicht wussten, dass das Thema noch so stark in ihnen vorhanden war oder dass etwas in Lösung kam, was vorher unlösbar schien. Meine Überzeugung ist, dass die Zeit, in der wir allein unterwegs waren und nur für uns selbst Erfahrungen gemacht haben, vorbei ist und es darum geht, uns für den Anderen zu öffnen und gemeinsam den Weg weiterzugehen.

Auch das ist die Qualität der weiblichen Energie, die vermehrt aus der Zentralsonne zu uns kommt und uns dazu einlädt, uns wieder des Bittens zu befähigen. Bitte, und es wird Dir gegeben. Du wirst innerlich heil, sobald Du Deine Hände öffnest und zulässt, an die Hand genommen zu werden und gemeinsam bewusste Schritte zu machen.

Mir selbst fiel das Bitten sehr schwer, weil ich dachte, es allein tun zu müssen. Das sind die Schatten der Vergangenheit, löse Dich von ihnen und erlaube Dir, frei im Annehmen zu sein. Wahrhaftiges Geben beinhaltet auch wahrhaftiges Nehmen. Jeder Mensch ist als Heiler geboren, und Du wirst nur in dem Maße ein fähiger Heiler sein, wie Du bereit bist, Dich vor der Schöpfung zu verneigen und Hand in Hand mit ihr zu gehen. Und da jeder Mensch ein Stück Schöpfung ist, erlaube Dir, um Gottes helfende Hand zu bitten. Irgendwann einmal werden wir uns alle an den Händen halten und den Kreis vollenden. Dann werden wir sehen, wissen und fühlen, was wir schon immer tief im Herzen wussten.

## meditation:
## Liebe und Bewusstsein

Begib Dich in einen entspannten Zustand, so wie Du es gewohnt bist ... Achte darauf, dass Du bequem sitzt oder liegst und Dich für die nächsten Minuten in einem ruhigen Raum befindest.

Nun sammle Dein ganzes Bewusstsein im Kopf und versuche, bewusst zu denken ... Stelle Dir bewusst vor, was Dein nächster Gedanke sein könnte ... und nimm einfach wahr ... Da Du ein multidimensionales Wesen bist, kannst Du, während Du weiterhin bewusst denkst, gleichzeitig Dein Bewusstsein auf Dein Herz lenken ... Auch hier nimm Dein Herz bewusst wahr ... sei mit vollem Bewusstsein im Herzen ... Nun weitest Du Dein Bewusstsein aus und gehst ganz bewusst ins Hara, während Du weiterhin bewusst denkst und im Herzen fühlst ... es passiert ganz leicht und von allein ... Du bist Dir jetzt Deines Haras ganz bewusst ... Sei und bleibe dort weiterhin bewusst ... Nun dehnst Du

Dein Gewahrsein aus, während Du aller drei Aspekte von Dir bewusst bist ... Du versuchst weiterhin, bewusst einen Gedanken zu denken, Dein Herz zu fühlen und Dein Hara wahrzunehmen ... Wie auch immer es nun geschehen darf ... setzt Du die Absicht, dass sich alle drei Bereiche, die Du weiterhin vollkommen bewusst wahrnimmst und Deine ganze Aufmerksamkeit und Dein gesamter Fokus sich dort befinden ... diese drei Ebenen zueinander kommen und sich miteinander verschmelzen ... lass es einfach geschehen und überlasse es Deiner inneren Weisheit ... wie auch immer sie das nun für Dich tut ... Du bist ... Ich bin ... Liebe ... Liebe ... Liebe ... Wir sind eins ... Liebe ... Liebe ... Liebe ... Licht ... Licht ... Licht ... Bewusstsein ... Bewusstsein ... Bewusstsein ... Ich bin ... Ich bin ... Ich bin

Spüre, nimm wahr und genieße ...

In Deiner Zeit kehre wieder vollständig ins Jetzt-Bewusstsein zurück ... Bewege Deinen Körper, recke und strecke Dich ... Nimm ein paar tiefe Atemzüge ... Genieße und spüre nochmals nach ... Willkommen im Hier und Jetzt ...

*Diese Meditation kannst Du jederzeit und sooft Du möchtest wiederholen. Irgendwann wird es vollkommen ausreichen, die Absicht zu setzen, und Du wirst in Deiner Einheit aus Verstand/Geist, Herz, Hara und Du selbst sein.*

Deine Energiekörper verändern sich, was sich in Deiner Art zu denken, zu fühlen und wahrzunehmen bemerkbar machen wird. Alles richtet sich zurzeit auf das Erwachen in eine Gemeinschaft aus. Wir sind keine Insel, sondern ein Teil einer gigantischen Zusammenkunft. Vielleicht ist Dir aufgefallen, dass Du oder Deine Freunde und Bekannte gewisse Dinge ganzheitlicher betrachten als in der Vergangenheit. Mit mehr Herz, Mitgefühl und Anteilnahme. Ich selbst erlebe in meinem Umfeld tiefgründige Äußerungen und Gedankengänge von Menschen, die in der Vergangenheit mit Spiritualität nicht viel anfangen konnten. Ich denke, dass sie zu sehr identifiziert mit ihrem Verstand, ihrem Körper waren und keinerlei Zugang zu sich als spirituelle Wesen hatten. Gerne lausche ich ihren Erkenntnissen und bin begeistert.

Vor kurzem war ich auf einer Messe, auf der verschiedene, bereits bekannte und neue energetische Behandlungsmethoden angeboten wurden sowie Kartenlegen, Handlesen, Schutzengel sehen usw. Zuerst war ich etwas befremdet, denn als ich mich umsah, rief das in mir ein Gefühl von Endzeitstimmung hervor. Ich fühlte mich wie in einen Mad Max Film aus den 80ern mit Mel Gibson und Tina Turner zurückversetzt. Menschen lagen öffentlich auf Behandlungsliegen, und die Heiler strichen mit großen Gesten sowie zügig kreisenden Bewegungen am Körper entlang. Mir tat es schon vom Hinschauen weh, und ich fragte mich, warum tun sich sowohl die Behandelnden als auch die Heiler das an? Ein total offener Ort, wo viele Menschen durchwuseln, ungeschützt und ohne Privatsphäre. Es standen drei Liegen nah beieinander, und jeder der vorbeilaufenden Besucher konnte zuschauen und seine Energie darauf lenken.

Ich beobachtete eine Heilerin, die gerade mit einer Klientin am Arbeiten war und fragte mich: Was macht Sie da nur? Was soll all das Wirbeln und Streichen mit den Händen bewirken? Vom Kopf her konnte ich es mir erklären, dass es wahrscheinlich zur Reinigung und Harmonisierung dienen sollte. Es waren so viele unterschiedliche Energien da, die den Raum überfluteten und es meinem Empfinden nach sehr erschwerten, einen geschützten Behandlungsrahmen zu schaffen. Immer wieder aufs Neue kamen Leute hinzu, und es gab ein buntes lebendiges Treiben. Energetisch ist nicht wirklich etwas passiert, dennoch kann es gut sein, dass es der Klientin genutzt hat. Jedenfalls hatte sie die Augen geschlossen und wirkte entspannt.

Es ist wichtig, Dir bewusst zu sein, dass auch wenn Du es nicht wirklich spüren kannst, sich Deine energetischen Körper immer feiner ausrichten und der ehemalige »Schutzpanzer« geschmolzen ist oder dabei ist zu schmelzen. Wir sind in einer Phase, in der die Beschaffenheit unserer Körper so fein wird wie die eines Spinnennetzes. Alles kann sich darin verfangen, auch wenn es nur ein klitzekleines Staubkorn ist. Umso wichtiger ist es, ganz achtsam und bedacht zu wählen, *wo* Du *wen* an Deinen Körper lässt und *was* die Behandlung bewirken darf. Nicht jeder Mensch ist sich seines Tuns und dessen, was er damit bewirken kann, in der Gänze bewusst. Vor allem auf dem Heilsektor sind Achtsamkeit und Dankbarkeit für das Vertrauen, was Du bzw. der Klient dem Heiler/Therapeuten entgegenbringt, enorm wichtig. Sei Dir bewusst, unser Prozess geht in Richtung vollkommene Offenheit und Transparenz. Also wähle sorgfältig, mit wem Du Deine Energien teilen möchtest und wen Du von Deinen Früchten kosten lässt.

Das gilt auch für den Bereich der Sexualität. Je höher

schwingender Deine Körper werden, umso attraktiver wirst Du für Menschen, die noch eine niedrigere Schwingung haben. Du wirkst dann wie ein Magnet oder wie ein Strahler, der jegliche Form von Wesenheiten anzieht. Beim Sex tauschst Du mit Deinem Partner Energien aus, da ihr miteinander nicht nur auf körperlicher, sondern auch auf höherer Ebene verschmelzt. Befindet sich Dein Partner überwiegend im Wurzel-, Sakral- und Solarplexus-Chakra, wird es zwar ein heftiges und/oder animalisches sexuelles Erlebnis sein, doch die Erfüllung wird nicht lange anhalten. Hast Du jedoch mit jemandem Sex, der bereits den Sprung ins Herz und noch höher getätigt hat, dann kannst Du ein gigantisches Erlebnis erfahren, was alle Sinne sprengen und noch Tage anhalten kann. Wir alle sehnen uns nach erfüllender Sexualität, denn sie ist unsere Verbindung zu Gott. Das, was wir in der Einheit oder der Quelle erleben, ist für mich eine Form von ekstatischer Stille, einfach unbeschreiblich. Um gesund und auf Deinem Energielevel zu bleiben, vertrau Dich lieber Menschen an, wo Du diese Qualitäten sowie die Qualitäten von Dankbarkeit, Offenherzigkeit und »alles darf sein und hat seine Berechtigung« wahrnehmen kannst. Das wird Deine Energien unterstützen und Dich darin fördern, mit einem Plus an Kraft und Erkenntnis aus einer Behandlung, einem Gespräch oder einer anderweitigen Begegnung herauszukommen. Wir leben noch in der Dualität, daher kann es Dir gut passieren, dass Du Dich trotz deines Wissens um diese Aspekte dem Animalischen hingibst. Genieße es bewusst und frei von Schuld. Vereine das Animalische und Göttliche in Dir, und Du trägst unmittelbar zu Deiner Heilung bei.

Werde Dir Deiner Bedürftigkeit bewusst und in welchen Bereichen sie stärker oder schwächer vorhanden ist. Denn wenn Du unbewusst bedürftig bist, legst Du die Verantwortung in die Hände eines anderen Menschen. Damit schwächst Du Dich und schickst Einladungen von Missbrauch hinaus. Bist Du Dir allerdings Deiner Bedürfnisse gewahr, dann kannst Du als Erwachsener für Dich im Guten handeln und nicht wie ein trotziges kleines Kind. Du machst Dich frei vom Gedankenlesen der Anderen und befreist Dich vom ewigen Warten, dass irgendwann jemand Deine Not erspähen möge. Wenn Du nicht selbst Deine Not siehst, wird es auch kein anderer tun, außer Du befindest Dich in einer Beratung oder Therapie. Aber auch dies ist keine Garantie.

Wir Menschen können nicht ständig unsere Sensoren für andere ausfahren und nach ihnen schauen. Damit sind wir überall, nur nicht bei uns selbst, und das Spiel kennen viele aus ihrer Kindheit. Der liebe Junge, das liebe Mädchen sein und sich darum kümmern, dass es den Eltern gut geht. Jetzt darfst Du in erster Linie für Dich da sein, und das hält Dich gesund. Und wenn Du im Herzen bist und geöffnet bleibst, gibt es auch noch ganz viel Raum für Deine Familie, Partnerschaft usw. So trägst Du zu Deinem und zum Wohle aller bei, weil Du mehr und mehr spüren wirst, wann die Zeit ist zu nehmen und wann zu geben. Damit achtest Du Deine Grenzen und auch gleichzeitig die Grenzen anderer. Und das ist der beste Schutz.

Heilung geschieht auf mehreren Ebenen und ist bei manchen Themen ein Komplex aus verschiedenen Wegen und Möglichkeiten. Ich persönlich erlebte oft, dass nur *eine* Heilmethode nicht den gewünschten Erfolg bringt. Es ist vielmehr die Kombination von verschiedenen Elementen. Unsere Persönlichkeit und unser Körper sind ein komplexes und vielfältiges System; von unserer Seele erst gar nicht gesprochen. Daher benötigen wir oft ebensolche komplexen Herangehensweisen, die Heilung bewirken. Auf meiner Forschungsreise bin ich zu der bereits von mir erwähnten tibetischen Körpermethode (Tibetan Pulsing) gekommen, die für mich ein Sahnestückchen meiner Heilarbeit ist. Sie vereint alle vier Ebenen (Seele, mentale-, emotionale- und körperliche Ebene) und ist somit eine wunderbare Ergänzung zu meiner systemischen und spirituellen Arbeit.

Auch hier treffen sich wieder verschiedene Möglichkeiten, die Welt zu betrachten und einen fruchtbaren Boden für Heilung zu bereiten. Es entsteht ein Sowohl als Auch und führt letztendlich zur wahren Freiheit. Zwischen Ägypten und Tibet gab es seit jeher eine energetisch-spirituelle tiefe Verbundenheit, daher wundert es mich nicht, dass meine Seele mich zu diesem System geführt hat. Wie die alten Ägypter waren auch die Tibeter sich des Mysteriums unseres Lebens bewusst und fanden Wege, dieses mehr und mehr zu entschlüsseln. Deine Seele will sich körperlich erfahren. Mache ihr das Geschenk und wähle Praktiken, die den Körper und sein Bewusstsein mit einbeziehen. Das wird Deine Verbundenheit zu Dir, Mutter Erde und Vater Himmel stärken. Damit wirst Du zu einem lebenden und bewussten Verbindungsglied in der göttlichen Symphonie. Das ist die Einheit, die es gilt, für uns als Mensch zu erschaffen. Wir stellen die »Ordnung« wieder her und nehmen unseren Platz an Gottes Seite ein.

Klarheit hilft mir, Dinge leichter zu ordnen, wieder durchatmen und mich neu ausrichten zu können. Die Muja 6 »Klarheit und Beständigkeit« kann Dir bei diesem Prozess sehr hilfreich sein.

## Projektionen

Projektionen zu erkennen und aufzulösen, lässt Dich in Deiner Stärke wachsen. Es macht Dich frei, zu handeln und eine Wahl treffen zu können. Wenn ich bewusste Freiheit lebe, dann brauche ich keine Verwicklungen und systemischen Verstrickungen mehr. Denn Freiheit hat Klarheit und Wahrheit im Gepäck, und diese Qualitäten wirken wie ein magischer Schutzmantel, den ich jederzeit bewusst öffnen und schließen kann. Klarheit findet die Dinge und Wahrheit bringt sie ans Licht. Je mehr Du diese Qualitäten in Dir entwickelst, desto leichter kannst Du mit Einladungen und Projektionen umgehen. Gleichzeitig richte Deinen Fokus aufs Mitgefühl, denn manchmal ist es ratsam, die Wahrheit nicht wie einen nassen Lappen dem Anderen um die Ohren zu hauen. Damit bewirkst Du nur Widerstand statt Öffnung. Dennoch prüfe vorher, ob Du Dich nicht in einer Projektion auf den anderen befindest und die scheinbare Wahrheit dadurch getrübt ist. Wenn Du Dich über Deinen Chef ärgerst oder mit anderen autoritären Personen Schwierigkeiten hast, kann es gut sein, dass der Chef im Unrecht ist. Du arbeitest und gibst Dein Bestes, er nimmt dies und darf dann selbst entscheiden. Damit ist Eure Vereinbarung erfüllt, denn dafür erhältst Du ein Gehalt, welches Dir Sicherheit und Annehmlichkeiten verschafft, auch wenn er sich anderweitig entscheidet. Doch kannst Du das nicht einsehen und regst Dich darüber auf, befindest Du Dich in einem emotionalem Konflikt, der zu Dir gehört. Es zwingt Dich niemand, diesen Job zu machen, kündige und suche Dir etwas Neues, wo Deine Beiträge in Deinen Augen mehr gesehen und geschätzt werden. Aber Du kannst diese Begebenheit auch als Chance für Heilung nutzen. Wenn Menschen Probleme und Konflikte im Beruf haben, dann liegt meistens eine Übertragung der eigenen Geschichte mit dem Vater vor. Auch hier gilt das gleiche Prinzip: Wir ziehen das an, was uns heil macht. Anstatt wieder in den Kampf zu gehen und schlecht über Deinen Chef oder Vorgesetzten zu reden, frage Dich, ob Dich die Essenz der Situation an etwas aus der Vergangenheit erinnert. Wie war eigentlich Deine Beziehung zu Deinem Vater? Hast Du immer die Unterstützung erhalten, die Du Dir gewünscht hast? Vielleicht hat Dein Chef sogar ähnliche Eigenschaften wie Dein Vater, die Dich damals schon auf die Palme brachten oder eher hilflos machten.

Meistens gründet unser Ärger im Beruf auf einer Mischung von Hilflosigkeit, Machtlosigkeit und Angst. Wenn sich diese Emotionen melden, dann sitzt gerade vielleicht ein Fünf-, Acht- oder Zwölfjähriger vor dem Chef. Dieses Gespräch kann nur in die Hose gehen, denn wenn wir ins Kind rutschen, dann hat unser Gegenüber keine Chance, außer es weiß um diese Prozesse. Dann entsteht Reaktion statt Aktion. Je nach Geschichte kann der Chef dann in die Übervaterrolle gehen oder er verfällt auch ins Kind. Dann sitzen sich zwei Buben oder Teenies gegenüber und spielen Erwachsensein.

Den Ausstieg aus diesem Karussell kannst in erster Linie nur Du bewirken, indem Du Dir dieser Mechanismen klar wirst und Dein inneres Kind auf den Schoß nimmst. Damit schenkst Du Dir und Deinem Gegenüber eine Chance für eine neue Erfahrung. Das lässt Dein inneres Licht erstrahlen und Du wirst zum Magneten für heilsame Begegnungen.

## Die vier geistigen Spiegelgesetze

### 1. SPIEGELGESETZ

*Alles, was mich am Anderen stört, ärgert, aufregt und in Wut geraten lässt und ich anders haben will, habe ich selbst in mir.*

*Alles, was ich am Anderen kritisiere und bekämpfe oder verändern will, kritisiere, bekämpfe oder unterdrücke ich in Wahrheit in mir und hätte es gerne anders.*

### 2. SPIEGELGESETZ

*Alles, was der Andere an mir kritisiert, bekämpft und verändern will, und wenn mich das dann verletzt, betrifft es mich – ist dies in mir noch nicht erlöst. Meine Persönlichkeit ist beleidigt – ist noch stark.*

### 3. SPIEGELGESETZ

*Alles, was der Andere kritisiert an mir und mir vorwirft oder anders haben will und bekämpft, und mich dies nicht berührt, ist sein eigenes Bild, sein eigener Charakter, seine eigenen Unzulänglichkeiten, die er auf mich projiziert.*

## 4. SPIEGELGESETZ

*Alles, was mir am Anderen gefällt, was ich an ihm liebe, bin ich selbst, habe ich selbst in mir und liebe dies im Anderen.*

*Ich erkenne mich selbst im Anderen.*

*Wir sind in diesen Punkten eins.*

*Christa Kössner*

Im Grunde machst Du mit jeder Form von Bewusstseins-arbeit Schritte in die Heilung, sofern sie Deiner Erkenntnis, Wahrheitsfindung und Selbstliebe dienen. Dann ist es auch vollkommen gleich, ob Du mit dem Körper, Deinem Herz und/oder Geist arbeitest. Wichtig ist nur, dass jeder Anteil genügend Raum erhält, um sich entfalten zu können. Ich persönlich kombiniere gern verschiedene Methoden, damit ich alle Ebenen des Seins erfassen und bedienen kann. Je nach Bedarf kann es notwendig sein, sich zuerst der einen mehr zu widmen und dann nach und nach die anderen hin-zuzufügen. Heilung ist kein Marathon oder Wettbewerb, und wer als Erster am Ziel ist, hat gewonnen. Heilung ist leben in einem System des Ausgleichs und der Annahme, die auch ein Ausdruck der Liebe und Selbstliebe sind. Er-laube Dir, alles nur Erdenkliche zu nutzen, auszuprobieren und zu erforschen. Leben ist Lebendigkeit, Neugier, Freude, Lust, Gemeinsamkeit, Sterben, Loslassen, Beklagen, Verän-dern, Hingabe und vieles mehr. Schränke Dich nicht ein, sondern öffne Dich innerlich für die Freiheit, so zu sein, wie Du willst. Wenn Du Dich vom Herzen führen lässt, Deinen Geist/Verstand und Körper mit einbeziehst, dann kann das Leben Dich nur in Fülle beschenken. Unser Leben ist keine Einbahnstraße, und wir Menschen sind zwar manchmal wie Inseln, allerdings mit vielen Anlegemöglichkeiten. Manche besitzen sogar einen großen Yachthafen und schon von der Ferne aus leuchten diese Buchstaben: Du bist willkommen!

Du selbst besitzt auch solche Leuchtbuchstaben. Vielleicht kannst Du Dich nur nicht erinnern, wo Du sie hin getan hast oder Du kannst sie vor lauter Sand, Erde und Stein nicht finden. Vielleicht fehlen nur einzelne Buchstaben oder es herrscht gerade Stromausfall, doch ich weiß, sie sind da! Bleib auf dem Weg, und schon bald werden neue Schiffe kommen, die vielleicht das eine oder andere fehlende Teil mit im Gepäck haben und Dir gerne behilflich sind, die Buchstaben zum Leuchten zu bringen. Je mehr Heilwerden Du Dir erlaubst, desto mehr Licht wirst Du in die Welt bringen. Deine Eltern haben Dir das Leben geschenkt, und Deine einzige Verpflichtung ihnen gegenüber ist es, gut und glücklich zu leben. Damit ehrst und wertschätzt Du Dich, Deine Eltern und die ganze Sippe. Das ist das Beste, was Du tun kannst. Lebe glücklich, lebe lebendig, lebe frei!

# 2012 –
## oder der Aufstieg in die 5. Dimension

Es gibt viele Berichte, Aussagen und Channelings zum Thema 2012. Für meinen Teil sprechen wir alle über Möglichkeiten, die geschehen könnten oder auch nicht. Es ist alles offen und das Schöne daran ist, wir werden es hautnah erleben.

Channeln ist eine Fähigkeit, Informationen zu empfangen, zu entschlüsseln und diese Energie in Form von Worten zu vermitteln. Jedes Channeln, außer es geschieht in Volltrance, wird durch die Prägungen, Glaubens- und Denkmuster derjenigen Person gefiltert, die channelt. So lege nicht alles auf die Goldwaage und sehe es als die absolute Wahrheit an, was sich heutzutage an Informationen im Äther befindet. Es gibt noch viele verstorbene Seelen, die sich in der Astralwelt befinden und ihre Prozesse zu vervollständigen haben. Doch manchen ist dies nicht bewusst, und sie versuchen immer noch, Einfluss auf die Menschen und die Geschehnisse auf der Erde zu nehmen. So nutzen sie mögliche Gelegenheiten, um durch ein Medium ihren Senf dazuzugeben. Vor allem in der jetzigen Zeit, in der viele Menschen beginnen, ihre Medialität wiederzuentdecken. Meiner Wahrnehmung nach herrscht dort »oben« Hochbetrieb und viele möchten »ein Stück des irdischen Aufstiegskuchens« abhaben. Daher prüfe sorgfältig, mit welcher Quelle Du in Verbindung stehst. Befrage zuerst lieber Dein Herz und/oder Dein Höheres Selbst, bevor Du andere Quellen heranziehst. Eine wahrhaftige Quelle zeichnet sich für mich durch Wertfreiheit, Offenheit und Liebe aus. Sie erlauben mir, frei zu wählen und ziehen sich unmittelbar zurück, wenn ich »Nein, danke« sage.

Ein weiteres Merkmal ist, dass die Wesen Dir ihren Namen sagen, sofern Du darum bittest. Oft ist bereits in ihrer Energiesignatur, wie bei den Erzengeln, der Name wahrnehmbar. Es kann sein, dass Du keine Resonanzen zu dem hast, was ich in diesem Kapitel schreibe. Vertraue auf Deine Wahrnehmung, denn es wird einen guten Grund geben, dass es so ist. Vielleicht kannst Du es dann einfach als eine Inspiration annehmen und Dich auf den Weg machen, Deine eigenen Antworten zu finden.

Nach unserer Zeitrechnung wird sich Ende 2012 ein großer Zyklus vollendet haben, und wir werden in einen neuen Abschnitt der Evolution eintauchen. Bereits seit der Harmonischen Konvergenz im Jahre 1987 ist die Erde im Wandel. Einige sprechen von Aufstieg, Transformation und Zusammenbruch der bisherigen Systeme. Wie und was genau passieren wird, werden wir selbst erleben. Für mich ist es sowohl ein Aufstieg wie auch ein Abstieg. Die 5. Dimension, um in diesem Modell zu bleiben, zeichnet sich durch ein bewusstes im Einklang sein mit Deinem Höheren Selbst und der Quelle aus. Alles ist offensichtlich und für jedes Wesen zugänglich. Keine Geheimnisse, kein Besitz im menschlichen Sinne, keine Angst und kein Überlebenskampf. Es ist eine Gewahrseinssuppe. Jeder führt ein autonomes Leben und widmet sich u.a. der Erforschung von Leben und Gott. Der Dimensionswechsel geht einher mit einem Bewusstseinswechsel sowie dem Abstieg und der Verschmelzung Deines Höheren Selbst, was eine veränderte Körperstruktur erfordert.

Die Struktur meines »Heimatvolkes« war lichtvolles Plasma. Kommunikation erfolgte durch ein miteinander und ineinander Verschmelzen, energetisch ähnlich dem Vorgang, den wir als Menschen beim Sex erfahren. Unser Ältestenrat hat die Aufgabe, der Verankerungspunkt des Galaktischen Zentrums, der Quelle/Gott zu sein. Der Rat zeichnete sich durch vollkommene Klarheit, Wahrheit und Transparenz aus. Wir hatten den Aufstieg/Abstieg bereits vor Äonen von der 3. in die 5. Dimension vollendet und dafür eine bestimmte Technik entwickelt. Da wir in tiefster Verbundenheit mit der Erde sind, wird diese bereits seit Jahren von einigen Botschaftern auf der Erde vermittelt. Ich diente u.a. als Verankerungspunkt und Transformator unserer Energien, um sie für die Erde und die Menschen aufnehmbar zu machen. Bei unserem Aufstieg waren die Voraussetzungen zum Teil komplett andere als die der Menschen und uns wurde schnell klar, dass die Techniken nicht für alle umsetzbar sind. Daher entschloss der Ältestenrat im Einklang mit allen anderen am »Projekt Erde« beteiligten Wesenheiten, weitere Experten zu senden. Es war wichtig zu ergründen, wie funktioniert der Mensch und was macht ihn aus?

Die Trennung von Gott war auf der Erde am größten, und daher fehlte es uns an Informationen. Die beste Möglichkeit, dies zu erfahren war natürlich, selbst zu inkarnieren. Nach intensivem Studium erkannten wir, dass es neue Wege braucht, die Menschheit in ihrer Entwicklung zu unterstützen. Die »erste Angst« wurde körperlich manifest, und es gab keine Möglichkeit mehr, ihrer direkt bewusst zu werden. Gleichzeitig erkannten wir, dass Emotionen einen starken Aspekt darstellten. Durch die Trennung wurden auch die Verknüpfungen der Kommunikationsbahnen zwischen Verstand, Herz, Körper gestört oder gar versiegelt. Für uns ist die Erde einmalig, da es nirgendwo im Universum solch einen Ausgangspunkt gibt. Es wurde wichtig zu erforschen, wie mit unserem Wissen in Kombination mit den Gegebenheiten auf der Erde etwas Neues entwickelt werden kann. Das bedeutet, wir haben kein Patentrezept für den Aufstieg/Abstieg, aber sehr gute Ansätze und eine Richtlinie!

Bitte verstehe richtig, wir sind nur ein Teil des Teams, die zurzeit für Euch tätig sind. Keiner von uns Menschen ist allein, wir alle werden von liebenden und wohlwollenden Wesen begleitet. Die Erde gehört zur Zone des Freien Willens, und dies wird auch von allen Lichtwesen geachtet. Aufgrund der globalen Veränderungen, die das ganze Universum betreffen, erhältst Du energetisch enorm viel an Unterstützung dafür. Die Gitternetze der Erde sind erneuert, und die 5. dimensionale Struktur erstellt. Die Akasha-Chronik wird angepasst, und die 3. dimensionale Vergangenheit wird aufgelöst.

Um diesen Veränderungsprozess relativ turbulenzfrei zu durchlaufen, ist es wichtig, Dein Bewusstsein aufs Herz zu richten. Gleichzeitig beginne, Dich von den alten Strukturen von »entweder oder« zu lösen und Dich der Mitte, dem »sowohl als auch« zu nähern. Diese Technik ist sehr effektiv und bringt Dich direkt in eine Wertfreiheit, die für den Prozess hilfreich ist.

Des Weiteren werde Dir Deiner inneren Frau und Deines inneren Mannes bewusst und vereinige diese Anteile in Dir. In dieser polaren Welt ist das Gefühl Liebe dem weiblichen und Kraft dem männlichen Pol zugeordnet. Wenn Dein Geist klar ist, Dein Herz geöffnet und Du Dir Deiner Hara-Kraft bewusst bist, entsteht Transformation. Fühlbare Liebe und Kraft transformiert die erste Angst, und dafür braucht es Bewusstsein für einen klaren Fokus und Hingabe ans Leben. Beginne zu erahnen, dass Du ein Mensch mit göttlichem Funken bist und erlaube dem Wissen und der Weisheit, aus dem Raum hinter Deinem Herzen ins Bewusstsein aufzusteigen. Im Zuge des oben genannten Prozesses beginnst Du gleichzeitig, Dein Unterbewusstsein aufzulösen, welches Dich an Erfahrung gebunden hatte. Es ist völlig gleich, an welchem Punkt Du startest, wichtig ist nur, dass Du beginnst, Verantwortung für Dein Leben zu übernehmen und entscheidest mit der Rolle »Ich will Opfer sein« aufzuhören. Du tust Dir keinen Gefallen damit, wenn Du noch weiterhin gegen Dein Ego kämpfst. Nur mit ihm und Deinem inneren Kind, was eine Brücke zum Göttlichen ist, wirst Du die Prozesse meistern und »aufsteigen« bzw. Deine Schwingung mit der Göttlichen Quelle in Einklang bringen können. Dieser Prozess braucht Deine Aufmerksamkeit und aus eigener Erfahrung kann ich sagen, auch Deine freie ungebundene Kraft, die nicht noch in Form von unterdrücktem Ärger oder Wut eingekapselt ist. Dieser Klärungs- und Reinigungsprozess dient dem energetischen Platzmachen, sodass Dein Höheres Selbst in Dich »herabsteigen« kann und Du mehr und mehr Eins mit Gott wirst.

Das Höhere Selbst ist eine Art Kommandozentrale, in der alle Erfahrungen Deiner Seelen zusammenkommen. Sie hat den großen Überblick und steht in direkter Verbindung mit der Wirklichkeit, des scheinbaren Nichts, was alles beinhaltet. Denn letztendlich sind wir alle eine Projektion des Nichts, des Raumes hinter der Quelle. Liebe ist Bewegung, geboren aus einem Impuls, einer Form von Neugier. Wirklichkeit IST!

Als weitere Unterstützung kannst Du Dich mit den Wesen der Inneren Erde verbinden. Sie halten für uns verschiedene Kristalle bereit, die den körperlichen Veränderungsprozess unterstützen und in die Beschleunigung bringen können. Auch das gesamte Naturreich steht Dir gerne zur Seite und freut sich über eine Zusammenarbeit. Da auch sie in Veränderung sind, kannst Du ihnen als Transformator und Energieanker behilflich sein. Zum Beispiel benötigen die Elfen und Feen für deren Prozess unsere vier Elemente (Wasser, Erde, Luft, Feuer), da sie ihnen noch nicht in der Gänze zugänglich sind. Auch hier kannst Du aktiv Kontakt mit ihnen aufnehmen und einen Austausch anbieten, denn deren drei Elemente fehlen uns Menschen. Also sei ein Pionier und nutze Deine Fähigkeiten, verbinde Dich mit den Naturvölkern und erlaube, dass sich Deine und deren Energien verbinden und gemeinsam fließen dürfen.

## meditation: oneness

Begib Dich in einen geschützten Raum, den Du vielleicht sonst auch für Deine Meditationen nutzt. Erlaube Deinem Körper, sich entspannen zu dürfen, während Du tief in den Bauch atmest. ... Atem ist Leben ... Atme tiefer und tiefer, so wie es für Dich angenehm und gerade möglich ist ... Achte auf Deine Grenzen ... Während Du atmest, entspanne Deinen Kopf ... Deinen Nacken ... Dein Gesicht ... Deinen Hals ... die Schultern ... alles ist ganz entspannt ... Nun entspanne Deinen Brustraum ... den Bauch mit allen Organen ... Deine Hüften und das Gesäß ... Entspanne Dein Steißbein, Deinen After und Deine Genitalien ... alles darf sich ganz tief entspannen ... Du fühlst regelrecht, wie gut Dir die Entspannung tut ... Jetzt lasse weiter los ... entspanne Deine Beine, Knie und die Knöchel ... auch Deine Füße dürfen sich vollkommen entspannen ... während Du entspannt sitzt oder liegst ... höre in Dich hinein ... lausche Deinem Körper ... auch Deine Organe dürfen sich nun entspannen ... in ihrer Zeit ... zurück in ihren eigenen gesunden ausgeglichenen Rhythmus ... Vielleicht möchte Dein Körper ein letztes Mal die Position verändern, bevor Du mit der Reise fortfährst ... Gib Dir Zeit und Raum, ganz und gar im und mit Deinem Körper zu sein ... Spüre, wie dein Atem langsam und ruhig in Dich hineinfließt, Deine Lungen füllt und wieder sanft hinausfließt ... während Du weiterhin loslässt, so wie es Dir gerade möglich ist ... nimm wahr, wie Dein Atem von selbst gleichmäßig fließt ... es ist, als ob Du geatmet wirst ... lass es geschehen und erlaube Dir ganz bewusst, geatmet zu werden ... wisse, das Universum, die Quelle atmet Dich ... und Du lässt geschehen ... Während Du tust, was Du gerade tust ... erscheint ein helles sanftes Licht ... es umhüllt Dich ganz und gar ... Spüre die Sanftheit, fühle die Zartheit ... drei Lichtwesen kommen zu Dir ... die eine wunderschöne Lichtgestalt nimmt Dich an die Hand und führt Dich zum Reich der Naturwesen, Elfen, Feen, Gnomen und anderen ... dort angekommen wirst Du feierlich empfangen, und die Quelle segnet euer Zusammenkommen und jeden Einzelnen ... Du bist wieder unter Freunden, und Dein Herz öffnet sich, und Strahlen der Liebe fließen zu jedem der Anwesenden ... gleichzeitig öffnen sich deren Herzen, und Strahlen der Liebe fließen zu Dir zurück ... lange lange Zeit wart Ihr getrennt, doch nun nehmt Ihr das Band der Freundschaft wieder auf ... Nun führt Dich das liebende Lichtwesen wieder zurück in Deine Welt, zurück in Deinen Körper und Dein Herz ... alles, was Du erlebt und erfahren hast, bleibt bei Dir ... spüre nach, nimm wahr ... Das zweite Lichtwesen kommt zu Dir und nimmt Dich an die Hand ... es öffnet eine goldene Tür, und Ihr beide schwebt hindurch ... Gemeinsam reist Ihr durch das Universum, Galaxien ... Immer weiter hindurch ... Vorbei an Sternen, weiteren Galaxien und Universen ... Du fühlst Dich frei und unbeschwert ... Dein Bewusstsein weitet sich, und Du teilst Dich in Millionen von kleinsten Teilchen, die sich weiter und weiter in der Schöpfung und jenseits der Streuung ausbreiten ... Du bist alles ... Ein innerer Impuls bewegt Dich wieder zurück ... zurück aus der Streuung, wieder zu Dir ... alle Teile kommen von allein zu Dir zurück, und während Du dies wahrnimmst, wie auch immer es sich bei Dir ereignet ... ist das Lichtwesen bei Dir und nimmt Dich wieder im Ganzen an die Hand ... Es ist Zeit ... das goldene Tor öffnet sich, und Ihr beide schwebt wieder zurück zu Deinem Körper ... im Herzen angekommen, dürfen sich alle Erlebnisse in Deinen Zellen verankern, und Du kannst das Licht spüren ... Setze nun die Absicht, dass sich Himmel und Erde in Dir einen dürfen, wie auch immer dies geschehen mag ... Während das geschieht, was gerade geschieht, kommt die dritte Lichtgestalt zu Dir ... Sie nimmt Deine beiden Hände und legt sie auf ihr Herz ... »Du bist, Ich Bin« Euer beider Herzen sind weit geöffnet, und nun nimmst Du die Lichtgestalt an die Hand, und während Du sie in Dein Erdenleben führst ... werdet Ihr Eins ...

Öffne Deine Augen und halte die Muja 17 »Licht der Quelle empfangen« vor Deinem Herzchakra ... nimm einfach wahr und erlaube Dir, dass sich das Erlebte weiterhin vertiefen darf. Du kannst gerne anschließend die Muja vor jedes Deiner Chakren halten, wenn Du ein Bedürfnis dazu hast ...

Komme nun wieder ganz zurück ins Hier und Jetzt ... Und halte nun die Muja 18 »Licht der Quelle halten« vor Deinem Wurzelchakra ...

Zum Abschluss sage dreimal laut Deinen vollständigen Namen mit:

»Ich (Vorname, Name) bin ein Kind der Erde und des Himmels« Ich (Vorname, Name) bin ein Brückenbauer, ein Wesen aus Licht und Liebe«

## ein ganz persönlicher Rat
## an meine Leserinnen und Leser

Mach Dich auf den Weg und beginne, mögliches schwarz-weiß-Denken aufzulösen, Dein Ego als das anzusehen und zu begreifen, was es wirklich ist, ein großer Emotions-Operator mit der Absicht, zu schützen und Dich am Leben zu erhalten. Öffne Dein Herz für Dich und schaffe wirkliche Nähe und tiefe Verbundenheit zu Dir selbst. Dann wirst Du auch automatisch Einssein in die Welt bringen und so auch »ungewollt« aktiv zur Wandlung beitragen. Denn Du kannst nur andere lieben wie Dich selbst! Nutze die Mujas und werde kreativ in ihrer Anwendung. Es sind starke Werkzeuge, die Dir zu mehr Freiheit, Klarheit, Entspanntheit und Bewusstsein verhelfen können. Liebe alles an Dir, und Du wirst das Wunder der Schöpfung in Dir erfahren und gleichzeitig ein Geschenk für jeden und alles sein. Und das bedeutet für mich wirkliches Erwachen und Verbunden sein. Du trägst den Schlüssel zur Erleuchtung in Dir. Wann immer Du magst, praktiziere die Muja 7 »Freude«, denn Deine Seele ist aus der Freude Gottes geboren worden. Freude verbindet uns sogleich mit Gott und dem Segen der Schöpfung. Sei bereit für Wunder!

# Nachwort

Ich kann nicht von mir behaupten, dass ich bereits als Kind hellsichtig und/oder hellfühlig war. Erst als Erwachsener durfte ich lernen, dass das, wie und was ich in der Welt sehe, wahrnehme und für mich als selbstverständlich halte, etwas Besonderes ist und viele Menschen diese Wahrnehmungen nicht haben. Diese Erkenntnis hatte ich mit Ende Zwanzig nach meinem ersten Channeling. Auf einmal machte so vieles Sinn! Nun wusste ich endlich, warum ich mich so oft unverstanden fühlte und warum mich einige Menschen bis dahin als seltsam, gar als Spinner gesehen hatten. Ich war nicht *falsch*, wie ich die ganze Zeit dachte, sondern ich war einfach nur *anders*.

Im Laufe der Zeit konnte ich mich viel besser verstehen und beginnen, mir damit einen guten Platz im Leben zu geben. Anfangs genoss ich das Anderssein und fand es einfach nur cool. Doch es kamen auch Zeiten, in denen ich mir von Herzen wünschte, all diese Wahrnehmungen nicht zu haben. Einfach »normal« zu sein wie jeder andere und somit in meinem Erleben dazuzugehören. Manchmal empfand ich diese Fähigkeiten eher als ziemliche Last, vor allem dann, wenn ich nicht unterscheiden konnte, wann ich in Kontakt mit dem Unbewussten des Menschen und der Tiefe seines Herzen war. Oft wünschte ich mir, nicht »sehen«, sondern mich stattdessen einfach der Illusion des Augenblicks hingeben zu können. Damals war ich noch nicht fähig, diese Gabe an und auszuschalten. Ich war ein geöffnetes Portal und gab 1:1 meine Wahrnehmungen wieder, nicht immer zur Freude der jeweiligen Person. Dazu kam noch

eine große Portion Anmaßung und Beharren auf dem Bekennen des anderen, dass es auch so ist.

Oh je, das war bestimmt nicht leicht für einige, da sie oft
nicht wussten, wovon ich redete, wie auch, es war ihnen ja
nicht bewusst zugänglich. Viele waren mir irgendwie ausgeliefert, hatten keine wirkliche Möglichkeit, sich zu verstecken, Intimität zu behalten. Kein Wunder, dass mich einige
irgendwann als anstrengend empfanden. Wenn einer permanent seinen Finger auf die Herzenswunde legt und Dich
im jugendlichen Eifer fast bedrängt zuzugeben, dass da eine
Wunde ist … Das kann echt anstrengend sein. Hiermit
möchte ich mich bei allen meinen »Opfern« entschuldigen,
es tut mir leid!

Im Zuge meiner intensiven Selbsterforschungs- und Eigenarbeit, unterstützt durch großartige Ausbildungen sowie
Einweihungen der Geistigen Welt, bin ich sanfter und in mir
ruhender geworden. Heute denke ich, dass das »Bedrän-
gen« viel mit meiner eigenen Unsicherheit zu tun hatte, da
ich tief in mir selbst an meinen Wahrnehmungen zweifelte.
Außerdem war ich zu ungeduldig und traute dem Leben
nicht, dass die Person in ihrer Zeit zur Erkenntnis gelangen
würde. Die Gabe mit dem Unbewussten, Unterbewusstsein
oder der Seele eines Menschen in Kontakt zu kommen, war
gefärbt durch die Erlebnisse in meiner Familie. Ich hatte mir
ein System ausgesucht, wo es vieles Unausgesprochene und
einiges an Geheimnissen gab. Dies wirkte so tief und unbewusst in mir, dass ich mich getrieben fühlte, Verborgenes zu
Tage zu fördern, auch wenn ich keine wirkliche Einladung
dazu und es auch nicht unmittelbar mit mir zu tun hatte.
Ich nahm die Dinge einfach wahr, ohne einen Aus-Schalter
zu haben. Aus Sicht der Seele hatte ich mir mit meiner Ur-
sprungsfamilie, deren Muster und Verstrickungen, die per-

fekte Ausgangsbasis und Trainingsplattform ausgesucht, auch wenn ich das oft ganz anders sah und es mir auch heute manchmal anders wünschen würde. Langsam kann ich das Geschenk und den größeren Nutzen darin sehen, was mir auch geholfen hat, in die Aussöhnung mit meinem Schicksal zu kommen.

Die Zeit der Geheimnisse, Unwahrheiten und Verschleierungen ist für uns alle nun vorbei. Heutzutage wird alles seinen Weg ans Licht finden. In Gesprächen mit Jesus und den Erzengeln erfuhr ich, dass Wahrheit, Weisheit oder Erleuchtung sich zuerst in der Stille vollziehen. Immer ein Stück mehr. Wenn ich in die Stille eintauche, wird es weit, und ein wohliges Gefühl breitet sich in meinem Herzen aus. Gott ist wie eine sanfte Brise, die mich zart liebkost, meinen Verstand öffnet und klärt und mich auf Flügeln der Ruhe und des Friedens bettet. Es liegt nur an mir, inwieweit ich mir dies erlaube und mich der Stille hingeben kann.

*»Wahrlich mein Kind, ich werde dich immer auf Wogen der Liebe tragen und meine Hände reichen, auf dass du erkennen magst, wie unsagbar schön und wundervoll du bist. Auf dass du annehmen kannst, dass ich in dir bin und alles uns beide verbindet. Es gibt nur ein IST, alles andere führt zur Trennung. Geliebtes Kind, wach auf und fühle die Wahrheit.«*

# Danksagung

Ich danke Patricia Kasimir und Michael Görden vom Ullstein Verlag/Allegria für ihr Vertrauen in mich, da sie maßgeblich an der Entstehung in dieser Form beteiligt waren. Außerdem danke ich von Herzen meinen treuen Freunden und meiner Wahlfamilie, die mich seit Jahren liebevoll unterstützen. Ein besonderer Dank geht an Sabine Eberhardt-Buff. Danke für Deine jahrelange Freundschaft, Unterstützung und Liebe. Und dafür, dass Du mir geholfen hast, mir treu zu bleiben, als ich mich während des Schreibens offen, wund und verloren fühlte. Danke auch an Nicole Heinrich für die immer wieder sehr inspirierenden Gespräche, Impulse und Unterstützung beim Fertigstellen des Buches. Ich bin zutiefst meinen Lehrern und Ausbildern dankbar, die mir das notwendige Fundament gegeben und mir Heilungsprozesse geschenkt hatten. Ich danke Gott, meiner inneren Führung und der Geistigen Welt für ihre bedingungslose Unterstützung. Ein weiterer Dank an Bettina Fleinert, die freudiger Weise ihre Hände zur Verfügung gestellt und an Marco Tarsia, der die Fotos gemacht hatte. Ich danke meinem Vater und meiner Mutter. Beide waren und sind eine der größten Herausforderungen in meinem Leben.

# Literaturhinweise

Carroll, Lee/Kryon, *Das Zeiten Ende*, Ullstein Taschenbuch, 2004

Jasmuheen, *Lichtnahrung*, KoHa, 1997

Kössner, Christa, *Die Spiegelgesetz-Methode*, Ennsthaler, 2008

Nelson, Portia, *There's a Hole in My sidewalk*, Atria Books, 2012

Precht, Richard David, *Wer bin ich – und wenn ja, wie viele?*, Goldmann, 2007

Satir, Virginia, *Meine vielen Gesichter: Wer bin ich wirklich?*, Kösel, 2001

Tachi-ren, Tashira, *Der Lichtkörperprozess*, Edition Sternenprinz, 1998

# Wünsche visualisieren, Träume verwirklichen

*Allegria*

**BRIAN MAYNE**
**Goal Mapping**
192 Seiten
€ [D] 12,99 / € [A] 13,40
sFr 18,50
ISBN 978-3-548-74550-3

*Goal Mapping* zeigt auf, wie wirkungsvoll die Rolle des Unbewussten bei der Erreichung von Lebenszielen ist. Es beruht auf alter Weisheit und moderner Lerntechnik. Die Einzigartigkeit dieser Manifestationstechnik besteht in der Arbeit mit Bildern: der Sprache des Unbewussten. Goal Mapping hilft dem Leser bei der Visualisierung seiner Wünsche durch eine einfache, überall einsetzbare Methode.

# Der Super-bestseller aus Brasilien

*Was wäre,* wenn jemand uns heute die christliche Botschaft vorlebte – würden wir ihm folgen? Ein geheimnisvoller Mann streift durch die Straßen der Großstadt und verkauft Träume an Menschen, die es längst nicht mehr wagen zu träumen. Ein Betrüger? Ein Psychopath? Ein Weiser? Ein Philosoph?

# Bewusstsein als Weg aus der Krise

**NEALE DONALD WALSCH**
**Der Sturm vor der Ruhe**
320 Seiten
€ [D] 18,00 / € [A] 18,50
sFr 24,90
ISBN 978-3-7934-2234-1

*Arabische* Revolution, Wirtschaftskrise, Atomkatastrophe – die globale Veränderung ist unausweichlich. Die Menschheit steht vor einer Prüfung. Wir können dabei einfach nur zuschauen oder uns aktiv an der Gestaltung einer neuen Welt beteiligen. Walschs Buch ist eine Aufforderung zum Handeln, zur Kommunikation und Vernetzung der Menschheit.

# Die Selbstanwendung der Energetischen Medizin

**UWE ALBRECHT**
**Heilapotheke**
Werde Dein eigener Heiler
316 Karten,
€ [D] 29,99
€ [A] 30,90, sFr 49,90
ISBN 978-3-7934-2212-9

Inner Wise® ist ein einzigartiges neues System der energetischen Medizin, das hilft, die richtige Energie zur energetischen Balancierung zu finden und für den Selbstheilungsprozess zu aktivieren. Mit Hilfe der unter Anleitung der Testkarten gezogenen Heilsinfonie-Kärtchen lässt sich über einen Nummern-Code im Begleitbuch eine bestimmte Heilenergie finden. Diese Energie wird auf das beiliegende Amulett übertragen und entfaltet von dort im Sinne der energetischen Medizin ihre Wirkung. Das Amulett hat keine »magische« Bedeutung, sondern ist ein autosuggestiver Anker, wie er in verschiedenen Therapien Anwendung findet.